JN077600

安全はマネジメント

～リスクアセスメントの活かし方～

目次

第3章　リスク見積り

第4章 「評価に基づく」対応策の検討

第5章　リスクアセスメントと経営

巻末資料　危険源の具体的な表現とリスト化

はじめに

「働き方改革」は2017年ごろから、遡って「リスクアセスメント」は努力義務化された2006年ごろから注目されるようになりました。

それまでなじみのなかった新しい言葉には、きまって手段や手法だけが一人歩きしていくものだと感じます。

もちろん手段や手法は必要です。新しく取り組もうとすることは、知らない、わからないことが多いですし、「やること」(Do) を決めたほうが取り組みやすいと思います。

問題なのは、いつまでも手段や手法だけが一人歩きを続けていくことで、そこには「なぜ」、「なんのために」が置去りにされたままとなっていることでしょう。

リスクアセスメントは、リスクの度合いを評価し、整理するためのツールであり、整理された情報をマネジメントに生かすことを前提としており、それはISO45001（労働安全衛生マネジメントシステムに関する国際規格）の中核にも据えられています。

これまでにも、拙著『主なき安全　～リスクアセスメントの暴走～』（2010年）では、安全を身近に、楽しく捉えていただけることを目的に、『安全は対策から戦略へ　～リスクアセスメントの本質～』（2011年）では、安全を個別の対策から戦略としての総合的な位置付けへと整理することを目的に、『リスクアセスメント　～安全の見える化～』（2014年）では、事業場の安全担当者から寄せられた様々な疑問に答えることを目的にQ&A形式として、機会あるごとに刊行させていただいてきました。

◆

しかしながら、いまだにリスクアセスメントが直接的な労働災害防止対策とする受け止め方が少なくありません。

そのような理解は、結果として現場の事務を繁雑にし、やらされ感や徒労感に苦しむ姿が数多く見受けられます。

昨今では、高年齢労働者の安全対策、外国人労働者の安全対策も大きな課題となっています。これらもまた、それぞれを追加の手段として対応するのでしょうか。

安全の取扱いが事業の中に十分に組込まれていないことに、問題の根源があるのではないでしょうか。

日本の総人口が１億2,808万人をピークとして減少傾向に転じた2008年と時を同じくして、労働災害発生数の減少基調は著しく鈍化しました。これまでの手法を改めて見直すときが訪れていると感じます。

少なくとも私は、働き方改革もリスクアセスメントも、そのルーツは同じだと考えています。

本書ではマネジメントをベースにして、リスクアセスメントがどのような位置付けとなるのか、リスクアセスメントの情報をマネジメントへどのように活かすことができるのか、について解説できればと思っています。

そして本書を通じて、生産性向上や品質向上と安全性の向上はトレードオフの関係でなく、安全は事業活動そのものと理解していただければ、とても嬉しいです。

濵　田　　勉

序章

～慣れ親しんだ文化～

「あたりまえ」とは、「あたりまえ」なのでしょうか。

私の住む地域には、「名古屋めし」という言葉があります。味噌カツ、味噌おでんや味噌煮込みうどんなどの味噌文化を指すだけでなく、朝の喫茶店ではコーヒーを注文するだけで、トースト、ゆで卵などが追加料金なしで提供されるモーニングサービスも含まれるそうです。

モーニングサービスでは、トースト、ゆで卵程度は序の口で、店によってはサンドイッチだったり、小倉トースト、野菜サラダに加えてバナナが丸ごと１本とか、さらにはコーヒーを頼んだのに味噌汁までセットで提供されるとなると、何に照準を合わせればいいのか、わからなくなることもあります。

名古屋めしになじみのない地域の方の中には、

「名古屋の人は何でも味噌をつけて食べるんだなぁ…」
「トーストに小倉あん?!」

などと、若干引き気味に驚かれたでしょうか？

念のためですが、トンカツには必ず味噌ソース、トーストには必ず小倉あんというわけでもありません。

私が高校生の頃、初めて友達と中部圏を出て旅行をしました。小遣いやバイト代を貯めたお金ですから、宿も素泊まりで、朝食は喫茶店に立ち寄ることになりました。

コーヒーを注文するも、いくら待ってもトーストすら提供されません。

このとき、「喫茶店に立ち寄れば朝食は何とかなる」とは名古屋流なのだ、と初めて気付かされました。

甘い醤油の地方に旅行したとき、旅館の食事処での出来事です。それぞれの食卓にあいさつしていた女将に「普通の醤油ないですか」と尋ねているグループがありました。

女将は「甘いですか？」「どちらからいらっしゃいましたか？」と笑顔で応えていましたが、その地方の普通なのですから、もう少し質問の仕方に配慮が必要なのかもしれません。

食文化に関しても、その違いに対する受け止め方は、人それぞれでしょう。その文化に属していると、あたりまえに気付かないこともあるでしょう。

食べものであれば、自身になじまないものは食べないという選択もありますが、安全は避けて通れないと思います。

読者が安全衛生担当者で既にリスクアセスメントを熟知

されていたとしても、事業場内でそれを普及していこうとしたとき、大きな壁を感じる（た）ことはないでしょうか。もしそのように感じる（た）のであれば、その一つに文化があると思っています。

そもそも人は「変化することを好まない」ことが多いのだと感じます。しかし環境の変化は加速しています。

新しいことに取り組むとき、それまでの取り組みを手放すことに対する心理的な抵抗を覚えたり、これまでの自分の立ち位置や考え方を残したままに、つまり、条件付けられた目で見てしまうことも少なくないと思います。

ここで安全に関しての日本と欧米の考え方の違いに触れてみましょう。

まず、このような対比表を見ると、どちらかが良く（優れてい）て、どちらかが悪い（劣る）などと捉えてしまうことがあるかもしれませんが、ここでは純粋に

「へぇ、このような違いがあるんだ」

「ふ～ん、この考え方がベースにあるかも」

日本と欧米の考え方の違い

日本の考え方	欧米の考え方
●災害は努力すれば2度と起こらないようにできる	●災害は努力しても、技術レベルに合わせて必ず起こる
●災害の主原因は人である ●技術対策より人の対策	●災害防止は技術の問題 ●人の対策よりも技術対策
●管理体制、教育訓練と規制の強化で安全を確保	●人は必ず間違いを犯す ●技術力向上がなければだめ
●安全衛生法で、対人および設備の安全化を目指す ●災害が発生するたびに規制を強化	●設備の安全化とともに、事故が起きても重大災害にならない技術を開発 ●災害低減化に関する技術力向上の努力
●安全はただである	●安全はコストがかかる
●目に見える具体的危険には最低限のコストで対応	●危険源を洗い出し、リスクを評価し、評価に応じたコストを掛ける
●見つけた危険をなくす技術	●論理的に安全を立証する技術
●度数率（発生件数）重視	●強度率（重大災害）重視

出所：中央労働災害防止協会

などと、気楽に捉えてください。

この表を眺めるようにみると、日本は「個人の頑張り」に対し、欧米は「技術的な対応」を優先して考える傾向にあります。

個別にみると、最上段で「二度と」など、絶対的または少々極端な感覚をうかがい知ることができ、中段あたりでは、安全に対するコストのかけ方や目の前の具体的危険に対する対応、最下段では災害の質よりも発生件数を重視する傾向などが考えられます。

日本は「個人の頑張り」と書きました。個人の頑張りが悪いわけではありませんが、裏を返せば、個々の能力に依存する傾向が強いと考えることもできます。

これは安全に限ったことではなく、例えば既に海外展開している読者の中には「日本の手順書はあいまいで使えない」とか、日本人設計者が海外メーカーとものづくりをすると、不良品発生などのトラブルが起きるなどを耳にしたことがあることでしょう。

この原因はひょっとしたら「個々の能力に依存する」ことにあるのかもしれません。日本には匠とか職人といわれる有能な技能者がおり、多少曖昧なところがあっても設計者の意図を理解し、柔軟な対応ができる「あうんの呼吸」に助けられた結果なのかもしれません。

最近は事務部門でも、RPA（ロボティック・プロセス・オートメーション）が導入されつつあります。事務部門のデスクワークのうち、主に定型作業をソフトウェア（ロボット）で自動化する概念なのですが、「せっかく高額な投資をしたのに、ほとんど改善できなかった」などと導入が上手くいかないことも少なくないようです。こちらも「あうんの呼吸」が影響してか、発注段階で業務プロセスの整理や再構築にもう少し考慮する必要があったのでは、と感じることも少なくありません。

個々の能力に依存する傾向が強いことは、現場での創意工夫が活発であることにもつながっていると思います。

一方でそれは、管理者が業務プロセスに目を向けることなく、結果のみをもって評価しがちな傾向につながっているとも感じます。

冒頭に述べたように、日本と欧米の考え方の違いについては、どちらかが良く、どちらかが悪いというつもりは全くありません。ただし、考え方の根源には文化が色濃く反映されていることだけは理解してください。

これから解説を進めていきますが、それぞれの単元で文化の違いを感じたときには、この対比表に戻ってみてください。

しつこいようですが、

「ふ～ん、この考え方がベースにあるかも」

と純粋にお願いします。

第1章

安全の定義と
リスクアセスメント

リスクアセスメントに関する様々な誤解は、「安全とは何か」ということに起因することが、多くを占めていると感じます。

職務上、いろいろな場面でお話を伺うのですが、会社の安全、上司の安全、現場の安全……。みなそれぞれに用いられる「安全」の意味合いが、とても違います。

各々が違った意味合いで「安全」を用いていては、無秩序な安全が横行しているといっても過言ではありません。

「安全とは何か」という根本が違ったままにリスクアセスメントをしたり、マネジメントをすることは困難です。

今一度、安全とは何かをしっかりと理解しましょう。

「安全」の受けとめ方

「安全」という言葉の受けとめ方は、人によってかなりの違いがあります。

安全の逆を危険として取り扱うとすると、

■　自身が「安心」と感じていれば「安全」、
「不安」と感じれば「危険」

■　無災害が継続していると「安全」
災害が発生すると「危険」

大まかですが、この二つのケースが多くを占めていると感じます。

安全と安心は違う

安全と安心は、全く性質の違う別々のものです。

例えば、保険に加入すると、万一の時の経済的な不安がなくなり、安心です。しかし、保険に加入しても、万一の確率が下がるわけではありません。

「安全性が高いクルマだ。なぜなら…」など、安全には「性」を付けることがありますが、安心に「性」を付けて「安心性」とは言いません。

安全性、生産性など、「性」は物事の性質や傾向を表す

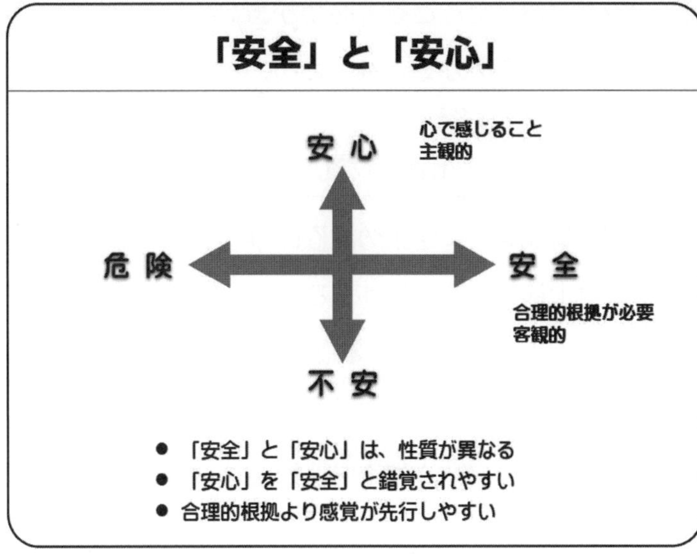

ときに用いられ、それには**客観的で合理的な根拠が必要**なようです。

反対に、「安心感」など、安心には「感」を付けますが、「安全感」とは言いません。**安心は、それぞれの心で感じる、主観的なもの**でしょう。

ところが、テレビを見ていても、スーパーへ買い物に出かけても、そこかしこで「安全・安心」とつなげて用いられ、安全と安心が同じような性質を持つ言葉として使われています。

「安全・安心」と無意識に使っているうちに、いつしか自身が安心と感じたことを、あたかも安全であるかのように誤解されているのかもしれません。

安全は結果から評価できない

無災害の継続など、結果の評価のみをもって安全とすることは理論上破綻しています。これから解説を進めていきますが、安全とは、「現在を評価して未来を取り扱うこと」なのに、結果が出てからしか評価していないからです。

例えば、自動車運転免許制度にある「ゴールド免許」でも、結果として無事故・無違反であった証ですが、それまでの運転が「安全だった」と説明できるものではありません。「偶然でしょう」という突っ込みにも耐えることすらできません。加えて、これから先の安全を合理的に説明できるものでもないでしょう。

様々な「安全」がもたらすもの

安全の受けとめ方が、それぞれ違ったままであることは、プライベートならまだしも、事業場という組織で取り扱うには具合が良くありません。

まず、それぞれの安心をベースにした、それぞれの安全が存在すれば、秩序がなくなってしまいます。

合理的に安全を取り扱っている現場に、パトロールで訪れた人が不安と感じたものを「危険だ」と指摘する。指摘する人が上司であれば、従わざるを得ないでしょうし、異動で上司が交代すると、不安の対象が変わり、別の箇所が指摘対象になる、というようなことは、あり得る話かもしれません。

また、これまで無事故が継続し、安全な職場だと評価されていたのに、事故が発生した途端に「安全意識が欠如している」、「危険感受性が低い」、「箍(たが)が緩んでいる」などと手のひら返しをしていては、士気は下がる一方です。

安全は科学に基づき、客観的、合理的、論理的に

これまでの解説のように、安全は、

■ 感覚的あるいは感情的に捉えられやすい。

■ 結果から（可視化できてから）評価されやすい。

ことが挙げられます。これは、人が感情の生き物である以上避けて通れない課題です。

しかし、組織として取り扱うためには、合理的、論理的でなければなりません。**論理的な考えこそが、他者と共有することが可能になる**からです。

安全の定義（前編）

事業場で、リスクアセスメントを推進するためには、安全を客観的で合理的に取り扱わなければなりません。

そのため、安全の定義から順を追って理解する必要があります。なぜならリスクアセスメントは安全の定義に基づいて構築されているからです。

安全の定義

安全の定義は、ISO（国際標準化機構）とIEC（国際電気標準会議）が共同で策定した安全規格を作るためのガイドラインに、

許容できないリスクがないこと

(ISO/IEC GUIDE 51:2014)

と定義されています。

はじめに、安全は「リスク」という言葉を使用（経由）して定義されていることがわかります。

安全の判断をする手続きには、リスクを測定することが必要で、測定されたリスクの大きさをもって「安全」や「危

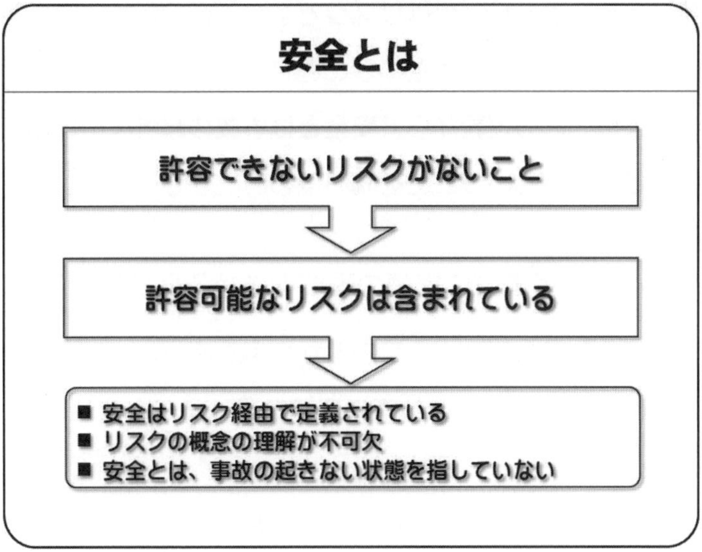

安全とは

許容できないリスクがないこと

↓

許容可能なリスクは含まれている

↓

- ■ 安全はリスク経由で定義されている
- ■ リスクの概念の理解が不可欠
- ■ 安全とは、事故の起きない状態を指していない

険」と分類できるということです。

次に、「許容」という言葉も出てきました。辞書で「許容」を調べると、「そこまでは良いとして認めること」などと書かれています。

リスク（21ページ参照）と許容（44ページ参照）については、次節以降で解説しますが、もう少し定義を整理しておきましょう。

安全とは、許容できないリスクがないだけなので、許容しているリスクは含まれているとも読み取れます。仮に許容したとしてもリスクはリスクです。許容したリスクによっても事故は起きうるということでしょう。

つまり、この定義から、**安全とは事故の起きない状態を指していない**ということを読み取ることができます。

すべての労働者に定義の理解を求める必要はない

冒頭からアカデミックな内容が登場しました。このようなことを、**すべての労働者に理解を求める**なんて無理だ、と思われたかもしれません。

率直なところ、その**必要はありません。**

もちろん、理解を求めることができるのであれば、それに越したことはありませんが、現在では、人の流動化が進み、価値観も多様化しています。

後に詳しく解説（巻末資料263ページ参照）しますが、安全を（組織を）安定的に運営するためには、教育によって一人ひとりに理解を求めることだけではなく、仕組み化して安全を確保していく方策を考えなければなりません。

それぞれの立場にある労働者が、業務として、作業として、指示されたことをこなすことによって、仕組みとして安全を確立していく方法、それがリスクアセスメントです。

リスクの定義

リスクアセスメントは、文字どおり「リスク」を「アセスメント」することです。ですから、「リスク」の定義をしっかりと理解しなければなりません。

リスクを辞書で調べれば、「将来いずれかの時に起こる不確定な事象とその影響」と書かれています。一般的に使われるリスクという言葉でも、様々な捉え方があり、いくつかの誤用があるようです。

なりゆき任せではない

例えば、「あした何が起きるかは誰にもわからない」というように解釈されることがありますが、この言葉には予測できないとか、なりゆき任せという趣旨が含まれていると感じます。

リスクという言葉を用いる代表的なものとして投資がありますが、全く予測できないのに、やみくもに投資をすることはないでしょう。私はこの分野のことは詳しくわかりませんが、投資先の業績を分析するなど、何らかの予測が伴っているはずです。

リスクは将来のことなので不確定なのですが、なりゆき任せとも違い、**「事前に測定できる」という趣旨が含まれている**ということを理解する必要があります。

また、安全はリスクを経由して定義されており、**リスクは将来を取り扱っている**ので、必然的に**安全も将来を取り扱っている**ということです。

将来は、簡単に可視化することができません。**リスクアセスメントは、見えないものを見えるようにするための手続き**でもある、ということです。

安全におけるリスクの定義

リスクという言葉は、あらゆる場面で用いられており、それぞれに少しずつ意味合いが違いますから、安全の分野で取り扱うための定義が必要となります。

厚生労働省のリスクアセスメント指針（53ページ参照）では、リスクを「危険源によって生ずるおそれのある負傷又は疾病の重篤度及び発生に関する可能性の度合い」と定義しています。

ややこしいので端的に書けば、

危険源ごとの「危害の大きさ（ひどさ）」と

「発生確率」の組合せ

ということです。

新しい言葉の「危険源」(25ページ参照)、「危害の大きさ」や「発生確率」(47ページ参照)などの詳しい解説は後に行うこととして、本節では、「危害の大きさと発生確率の組合せ」をイメージとして考えてみましょう。

私たちが日常利用する自動車では、目的地に早く移動するために、高速道路を利用することがあります。高速道路では通常、時速80㎞から100㎞ぐらいで走ります。

一般道路で走行する時には、幹線道路であれば時速50㎞、生活道路であれば時速30㎞という具合に、周囲の状況に応じて速度を変化させます。

自動車が衝突した時、搭乗している人、あるいは衝突された側のダメージは、一般的に速度に依存します。このダメージの大きさが、「危害の大きさ」に該当します。

「発生確率」に当たるのは、不測の事態の生じやすさということになります。

例えば、高速道路では交差点もなく、人が飛び出してくる確率も相当程度低く、また、幹線道路では高速道路のようにいかないまでも、それなりの工夫がされています。

一方、生活道路になると様々な要因で不測の事態が起きやすくなります。

私たちは、意識する、しないにかかわらず、危害の大きさと発生確率を、その場面に応じて予測しながら自動車を運転しています。具体的に書面化できないものの、リスクアセスメントにかなり近い意味合いで判断していると考えられます。

ところで、他人の自動車に同乗した時、自分との判断基準が異なることによる違和感を感じることもあるでしょう。冒頭に、危害の大きさと発生確率の組合せをイメージでと言ったのは、自動車運転の例では、あくまでその判断要素が、個人に委ねられているからです。

事業場におけるリスクアセスメントを推進する時には、もう少し判断材料を一般化する必要があるのです。

危険源とは

危険源とは、その名のとおり危険の源（みなもと）、正確には**危害を引き起こす潜在的根源**です。

危険源は、リスクアセスメントの構成要素で重要な位置づけになります。ところが、従来のKY（危険予知）の影響を受けているのか、正しい理解には、今なお相当ハードルが高いと感じます。

危険源が正しく理解されないと、リスクアセスメントはできません。わかってしまえば簡単です。

邪念を払って単純に

講演会に招かれて、危険源に関する質問を投げかけることがあります。

例えば、「墜落事故の危険源は」と尋ねると、「安全帯をしていないから」とか、「火傷の危険源は」と尋ねると、「本人の不注意だから」というような回答が寄せられることも稀ではありません。

これまでのKYなどの影響で、「○○をして、○○になる」などと答えなければいけないと思ってしまうのかもしれません。加えて、事故の原因を人のエラーへと導きやすい傾向が伺えます。

率直にいえば、危険源は深く考える必要はなく、ずっと単純で良いのです。

例えば、墜落の危険源は、「高いところにいる（た）こと」であり、火傷の危険源は、「熱いところ（がある）」です。

考えてみれば、高いところに上がっていなければ墜落はしませんし、熱いところがなければ火傷（化学熱傷を除く）をすることもないでしょう。

危険源とはそういうものです。

危険源は分類がある

危険源には分類があります。また、大まかに危険源の種類ごとに、同じような危害を引き起こします。

例えば、包丁やカッターナイフなど「薄いもの」は、切創や切断の危害を引き起こします。

カバーのない扇風機をイメージすれば、薄い羽根が回転することのうち、回転によって巻き込みという現象を引き起こし、薄いことによって切創や切断につながります。

電車の扉など、横方向に動く扉は、指などが引き込まれるトラブルを起こします。

これらは「機械的な危険源」に分類されます。

危険源の種類と危害（例）

危険源の種類	引き起こされる危害の具体例
機械的	鋭利な端部による切傷や切断、回転要素による巻き込みや引込みや捕捉、可動要素による衝撃や押しつぶし　など
電気的	充電部との接触による感電、アークによる火傷、静電気など
熱的	高温による火傷や熱中症、低温による凍傷など
騒音	聴力喪失、平衡感覚喪失など
振動	骨関節障害、血管障害、神経疾患など
放射	レーザや赤外線による目や皮膚への障害や火傷、低周波による聴覚障害、放射線による悪性腫瘍など
材料及び物質	ガスによる窒息や中毒、有害液体やミストによる中毒、粉じんによるじん肺など
滑り、つまずき及び墜落	滑りやつまずきによる転倒、高さなどの影響による墜落や転落など
人間工学無視	不自然な姿勢による筋骨格障害、不適切な照明による錯誤、精神的過負荷・負荷不足によるストレスなど

注意：「危険源の種類」欄の各名称の後には、「な危険源」又は「の危険源」の言葉がつきます。
（例）機械的な危険源、材料及び物質の危険源　など

暖房器具であるファンヒーターを利用するときなどでは、高温による火傷は「熱的危険源」、必然的に発生してくる二酸化炭素や一酸化炭素（42ページ参照）などの中毒を引き起こすガスは「材料及び物質の危険源」に分類されます。

通路の段差などは、つまずくことにより転倒という結果を引き起こしたり、雨が降れば道路の摩擦係数が低くなり、滑るという現象を引き起こします。

足場の上だけでなく、階段の昇降時などでも、高さ（位置エネルギー）によって、転落する可能性が生じます。

これらは「滑り、つまずき及び墜落の危険源」に分類さ

れます。

危険源は、機械や道具などを意図して使用している期間中に存在するもののほか、爆発などの意図しないタイミングで発現（109ページ参照）するものなどもあります。

また、切創やはさまれ、転落など、短時間で生じる人への危害のほか、粉じんを長期にわたり吸い込むことによるじん肺症など、長期にわたる健康への影響を引き起こすものもあります。

危険源は、リスクアセスメントに不可欠

危険源とは、事故を引き起こす潜在的な根源を意味するのですが、「事故を引き起こすもの、すなわち悪」というようなイメージを持たれることもあります。

決して危険源は悪いものではありません。

そもそも薄くて切れ味が良くなければ包丁の意味もありませんし、電気がなければ生活そのものが成り立ちません。

事業場でも、日常においても、常に何らかの危険源と関わっているというだけのことです。

これまでは、考えられる事故を、個人の感性や経験など

に委ねて考えていました。

リスクアセスメントでは、危険源という事故を引き起こす潜在的な根源に着目し、作業との関わりを整理し、分類することにより、科学的に予測しようとするものです。

つまり、危険源はリスクアセスメントに不可欠な考え方なのです。

なお、危険源の種類ごとに整理した解説は、巻末に章を立てて(巻末資料263ページ以降参照)いますから、そちらを参照してください。

日常で関わる危険源 ～無害な物質は存在するか～

私たちは、事業場における生産活動はもちろん、日常においても様々な危険源と関わりながら生きています。世の中に、「一切の危険が排除された状態」（絶対安全）は存在しません。

リスクアセスメントは、これまでの私たちの**「危険」に対峙（たいじ）する「安全」という考え方を改める**ことを求めているともいえます。

無害な物質は存在するか

「有害」に対峙（たいじ）する言葉として「無害」があります。それでは、無害な物質は存在するのでしょうか。

日常生活で関わる物質について、急性中毒の視点から見て考えてみたいと思います。

私たちの食卓で、ほぼ毎日必ず関わる食塩や醤油も、一度に大量に摂取すれば中毒を起こすことが知られています。

体重60㎏に換算すると、食塩ではだいたい30gから300gの摂取で中毒が起きるようです。昔ながらの梅干し

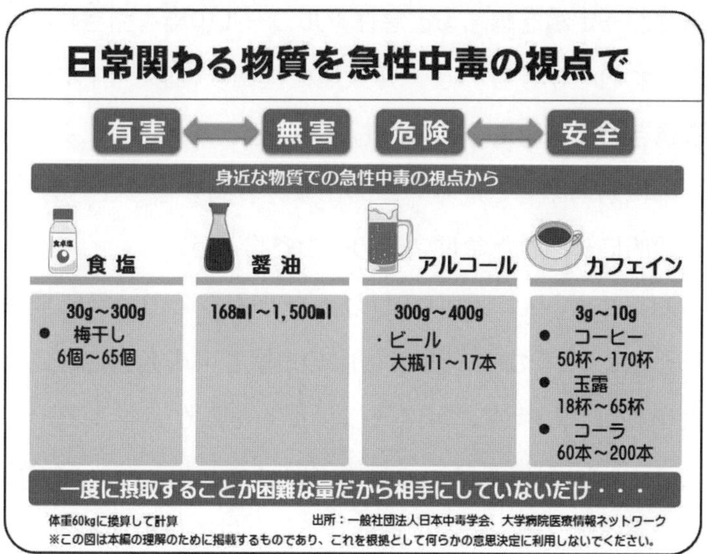

に換算すれば、6個から65個くらいを一度に摂取することになるそうです。同様に、醤油にも食塩が含まれていますから、醤油の量に換算すれば、だいたい1リットル程度を摂取すれば、同じような中毒を引き起こすと考えられます。

もちろん、醤油ですから、仕事帰りに「おい、今日の帰りに醤油！一杯やってくか？」と誘われることもなく、これほど大量に摂取するようなことはないでしょう。

ところが、アルコールやカフェインの摂取になると話は別です。お酒が強い弱いにかかわらず、血中のアルコール濃度が一定量を越えると急性アルコール中毒を引き起こすといわれています。ビール大瓶に換算すれば、11本程度を過ぎると中毒になる場合もあるようです。

稀に居酒屋などが救急車の出動を要請することもあり、一般的に知られた急性中毒の一つでしょう。

カフェインは、500ミリリットル入りのコーラに換算すると、60本から200本程度の摂取で中毒を引き起こすといわれています。500ミリリットル入りコーラ200本とは、一般的な家庭の浴槽（200リットル）の半分ぐらいの量ですから、一度に摂取することはありません。

しかし、最近ではエナジードリンクなどのカフェインが多く含まれた飲料を常用し、カフェイン中毒により死亡する例も報告されています。

ちなみに、水であっても、一度に大量に摂取することで、体内のミネラルなどのバランスが崩れ、水中毒を引き起こすことが報告されています。

リスクアセスメントの視点で考えよう

このように、急性中毒という視点だけで考えても、無害な物質が存在するとは考えられません。

スイス出身の医師パラケルスス（Paracelsus 1493-

1541）は、今から500年も前に「すべての物質は毒である。毒でないものは何もない。摂取量によって毒にも薬にもなる。」と言っています。

すべての物質は毒だからこそ、そこには**摂取（曝露）する量に依存する**という考え方が必要です。

危害の大きさは危険源のエネルギーの大きさと関係があります（100ページ参照）。有害性に関しては、**毒性**というある種のエネルギーに加えて、**曝露量**との関係を加味する必要がある、ということです。

加えて、急性中毒のように、短時間で結果がわかるもの以外に、**長期にわたる摂取や曝露**によって影響が出ることにも考慮する必要があります。

なお、急性中毒以外の、慢性毒性や発がん性などの視点もありますが、詳しくは専門書を参考にしてください。

リスクの要素と用語
～災害発生のシナリオから～

リスクアセスメントでは、様々な定義された用語を使用します。それぞれの言葉を、従来の感覚で読み解いてしまうと、本来の意味とは全く違った意味合いに捉えてしまい、その先の理解がすべて違った捉え方になってしまっていることもあるかもしれません。

この節では、リスクアセスメントを行うために必要な用語を整理して解説します。

災害発生のシナリオ

はじめに、危険源から危害（身体的傷害または健康障害）を被るまでの一連の流れで使用する用語を解説します。

なお、本書ではこの一連の流れのことを**「災害発生のシナリオ」**として取り扱います。

実は、ISOやJISのリスクアセスメントも、もちろん本書で解説しているリスクアセスメント指針も、災害発生のシナリオに沿って構成されています。

ところが、いずれのリスクアセスメントにも、明確に災害発生のシナリオが記載されてはいません。おそらく、事

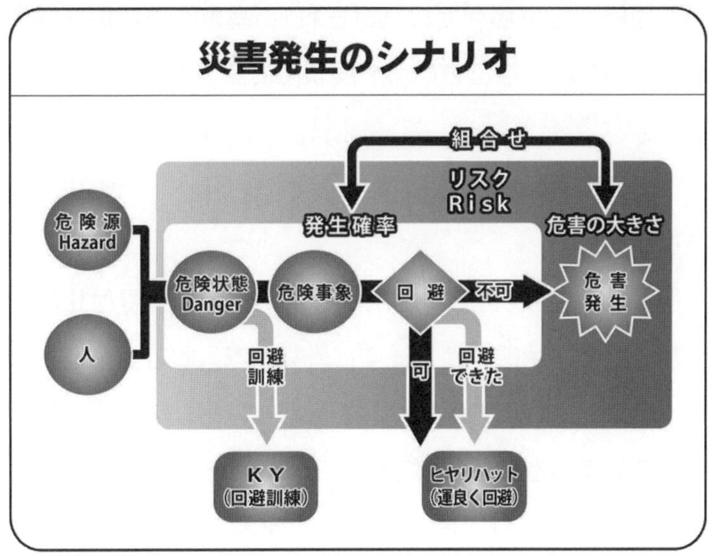

故（災害）は、このシナリオに沿って発生することが大前提にあるのだと思います。

災害発生のシナリオのスタートには、「危険源」が出てきます。既に解説したように、事故を起こす源（みなもと）になるものです。

人が危険源の影響を受けている状態のことを**「危険状態」**といいます。

例えば、脚立の上で作業をしている状態は、人が高さという危険源の影響を受け（曝(さら)され）、墜落する可能性が生じているため、ここでいう危険状態に該当するということです。

この危険状態という用語は、誤解されるケースも少なくありません。

例えば、「危険状態」と説明しているのに、受け止めた側が「危険な状態」と、途中に「な」を入れて捉えてしまい、結果「いかにも事故が起きそうな状態」のように理解されてしまうという具合です。

階段の昇降では、高さという危険源に関わっていますが、ほとんどの場合に何事もなく別の階へと移動しています。この場合では、

■　階段で「転落事故が起きそうだ」ではなく

■　階段では「転落のリスクが生じている」

ということです。

階段を昇降する（何らかの行為を行う）ときには、関係する危険源によって危険状態が構成され（危険源の影響を受け）、階段の昇降を終える（何らかの行為を終える）ことによって、危険状態から解放される（危険源の影響を受けなくなる）ことが日常繰り返されているわけです。

危険状態にあるときに、何らかの「きっかけ」が発生すると、発生のシナリオに沿って危害発生の方向へと移行しはじめます。

例えば、階段昇降中に、つまずいたり、足を滑らせたりというきっかけが加わると、転落という現象へ向かいます。この「つまずき」や「滑り」など、危険状態から危害へ向かう**きっかけのことを「危険事象」**といいます。

危険事象が認知できると、人は**「回避」**の行動を取ります。もちろん、あまりに突然すぎれば回避行動をとることはできません。

回避のタイミングでは、「成功」と「失敗」に分岐されます。

例えば、階段昇降中であれば、

■ 手すりにつかまって事なきを得れば、回避成功です。

ヒヤリハット報告などは、一般的に回避が成功した事例を指しています。

■ つかまる手すりがなかったり、手すりをつかんだものの、持ちこたえることができなければ、階段を転落（回避失敗）して**「危害」**を受けます。

危険事象の手前までは目に見えない

このような一連のステップを経て、人が身体的傷害や健康障害に至るわけですが、用語の理解と共に、二点ほど気にとめておくべきことがあります。

一つ目は、**危険事象の手前までは、日常の一つひとつの行為**であり、多くの場合には意識すらされておらず、危険事象を過ぎると初めて可視化されるということです。

例えば、階段の昇降などは日常の行為で、特に高さの（墜落の危険源の）影響を受けているなどと意識されることのほうが少なく、「つまずき」や「滑り」が起き、ヒヤリとしたり、転落したときに初めて目に見えるようになるわけです。

二つ目は、危険事象の次のステップにある回避行動は、ほとんどの場合が運に左右されています。つまり、運よく回避できたか、できなかったかによって、危害を受けるかどうかが決定されている、ということです。

つまり、私たちが冷静な状態で**管理下におけるのは、危険事象の手前まで**です。

リスクアセスメントとは、簡単には見ることができない

リスクアセスメント主な用語

用語	用語の意味
危険源	危害を引き起こす潜在的根源
危険状態	人が危険源の影響を受けている状態 直ちにまたは長期にわたり危害を引き起こす可能性がある状態
危険事象	危害を引き起こし得る事象
危害	身体的傷害または健康障害
リスク	危険源ごとの予想される危害の大きさと、その発生確率の組合せ
リスク見積り	予想される危害の大きさと、その発生確率を明確にすること
リスク評価	リスク見積り結果に基づき（許容可能か否かなど）判断すること
リスクアセスメント	リスク見積り及びリスク評価を含む全てのプロセス
リスクアセスメント等	リスクアセスメント結果に基づく措置の実施

日常を、合理的かつ科学的なアプローチで**可視化するための手続き**でもあるわけです。

日本語の弱点

ところで、「危険源」、「危険状態」、「危険事象」など、似たような用語がたくさん出てきました。

災害発生のシナリオ図に付記したとおり、英語には、「危険」を表す単語が「hazard」「danger」「risk」など、いくつもあり、それぞれ意味合いによって使い分けられています。しかし、これを日本語に訳すと「危険」「危険」「危険」となってしまいます。

そもそも**日本語の「危険」とか「危ない」という言葉には、場面を表す意味合いを持ち合わせていません。**

例えば、

■　建設工事の打合せ中に、十分離れた場所から「あそこに開口部があります。**危ない**ですから注意して下さい」と説明するのは、危険源の明示（伝達）に該当します。

■　脚立に乗って蛍光灯を取り替えている同僚に向かって「**危ない**から気をつけてね」と言うのは、危険状態であることの確認（念押し）に該当します。

■　階段を踏み外した瞬間に「**危ない！**」と思わず出る声は、危険事象に該当します。

などと、同じ「危ない」が災害発生シナリオの異なる場面で使用されます。

その場に一緒にいるときや、話の脈略がはっきりしていれば、何となく伝わるので問題ないのですが、リスクアセスメントで使用する場合には具合が悪いので、用語を明確に定義しているのです。

なお、主な用語のうち、危険源の特定（93ページ参照）、リスク見積り（146ページ参照）、リスク評価（166ページ参照）については、後に詳しく解説します。

安全の定義（後編）～リスクを許容する～

安全とは、「許容できないリスクがないこと」であり、リスクとは「危険源ごとの危害の大きさと発生確率の組合せ」であると解説しました。

これをもとにして、一般的な石油ファンヒーター（開放式）の例示を使って総合的に安全を考えてみましょう。

リスク見積りと評価（例）

ファンヒーターは、化石燃料を燃やして暖をとる目的で使用します。燃料を燃やすためには空気（燃焼用空気）が必要です。燃焼用空気は室内から取り入れ、燃焼したガスは室内に排気されます。室内の暖まり具合に応じて、電子回路で燃焼が調節され、それに応じてファンヒーターも自動的に制御されます。

ファンヒーター本来の機能部分がむき出しになっていると、炎や電気回路に容易に触れてしまいます。これでは四六時中見張っていなければいけませんので、恐ろしくて使用に耐えません。感覚的にも「許容できないリスク」であることはわかりますが、安全は感覚だけでなく、科学的に取り扱う必要があります。

ファンヒーターのリスクと対応

危険源	想定される事故	リスク低減策	解説
炎（燃焼）	火傷 火災	外装	炎に直接触れることは、外装を施すことで適切にリスク低減できる。
電気 （商用電源）	感電	外装	商用電源に直接触れることは、外装を施すことで適切にリスク低減できる。
高温のガス （排気ガス）	火傷 火災	不可	残留リスク 吹出口付近では、望まない程度になる高温ガスが発生する。 高温のガスは暖をとる目的のために必須
二酸化炭素 一酸化炭素 （排気ガス）	中毒	不可	残留リスク 化石燃料を燃やすことにより、二酸化炭素や一酸化炭素が発生することは必然

生じるリスクは、少なくとも

- ■　炎（燃焼）による火傷
- ■　電気（商用電源）による感電
- ■　熱（高温の排気ガス）による火傷や火災
- ■　二酸化炭素、一酸化炭素（排気ガス）による中毒

というように、危険源ごとに整理できます。

リスク低減と残留リスク　～リスクの許容とは～

ファンヒーターはデザインも兼ねて外装が施されています。この外装によって何かの拍子に炎や電気回路に触るの

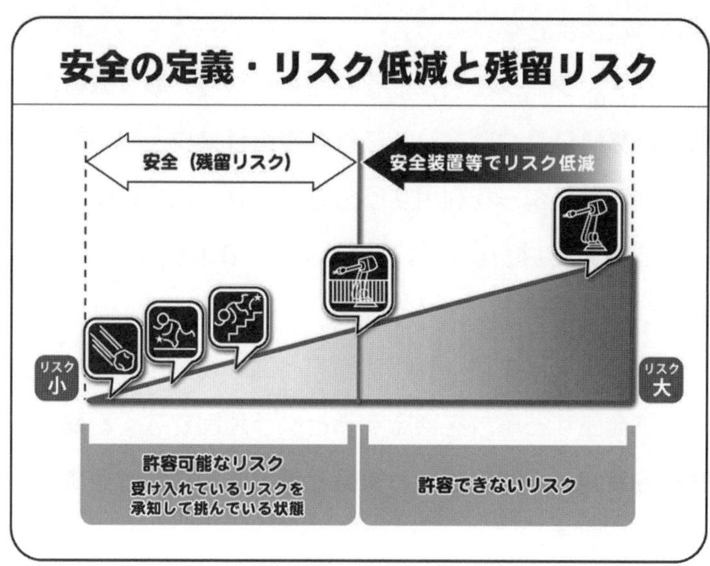

では、と四六時中緊張していなければいけない状態から解放されます。許容できないリスクを許容可能なリスクへ**リスク低減**が図られたことになります。

一般的に「ハード対策」などと呼ばれているものの多くが、このリスク低減に該当します。

炎と電気回路に触ることは外装によってリスク低減され、「気にしなくても済む」程度になりました。しかし、

- 熱（高温の排気ガス）による火傷や火災
- 二酸化炭素、一酸化炭素（排気ガス）による中毒

は残ったままです。

これは、ファンヒーターを利用する限り、**取り去ることのできないリスク**であり、これを**残留リスク**といいます。

ファンヒーターを利用するのであれば、この残留リスクは「そこまでは良いとして認める」、つまり「許容する」必要があります。

安全の定義にある「許容する」とは、残留リスクなどによって発生する事故を容認するという趣旨でなく、**残留リスクを承知し、対応できる知識と行動を身につけて挑む**ということです。

ここで大切なことは、経験則などからやみくもに「何らかのリスク低減をしたからおしまい」ではなく、正しい手続きを経てリスク評価を行い、その結果把握できた残留リスクによる事故が現実のものとならないような「現実化防止」を身につけ、**残留リスクと共存することを考えるまでをセットにして安全は定義されている**ということです。

残留リスクに対する知識と行動とは、一般的に「ソフト対策」と呼ばれるものが該当し、ファンヒーターの場合では、

■　人や燃えやすい物は、吹出口付近から一定の距離を取る。（火傷や火災に対する現実化防止策）

■　１時間に１回窓を開けて換気をする。（中毒に対する現実化防止策）

などがこれに該当します。

なお、現実の産業界では、リスク低減が一切できず、大きなリスクのまま作業を進めていかなければならないケースも数多く存在しています。そのようなハイリスクの作業に対しては、より厳密にリスク評価を行い、その結果得られた残留リスク（リスク低減ができなければ、すべてが残留リスクという扱いになります）に対して、徹底した教育や訓練（195ページ参照）を施して、現実化防止を図っていく必要があります。

未然防止と被害拡大防止策の整理

最後に、残留リスクを承知して、それに対応する知識と行動をとろうと努力していても、事故が現実に起きてしまう可能性は排除されません。

実際に事故や災害が発生した場合には、その被害をできるだけ小さくするための準備や訓練が必要になります。

被害拡大防止策は、事故防止と同様に重要ですが、両者を混同しないよう注意が必要です。

例えば、万一の火災に対応するために、消火器を準備することも重要ですが、そもそも火災に至らないようあらかじめコントロール下に置くこととは別次元です。

安全とは、維持し続けている状態

このように、安全とは「状態」を指し、目に見えるものではありません。結果として事故のなかったことも、安全の証にはならないこともおわかりいただけたと思います。

安全とは、何も起きていない日常において、この解説にあるような一連の流れを**動的に確認し、維持し続けている状態**といっても良いでしょう。

（注）密閉式・強制給排気形（燃焼用空気を室外から取り入れ、排気を室外に出す方式）の場合、この例示のうち「中毒に対する現実化防止策」は該当しません。

リスク評価と許容
～どこまでが許容されるか～

リスクとは「危険源ごとの危害の大きさと発生確率の組合せ」と解説(21ページ参照)しました。それでは、「危害の大きさ」と「発生確率」について再確認しながら、リスク評価について考えてみましょう。

危害の大きさと発生確率の考え方

航空機は乗物の中で最も安全といわれます。感覚的には墜落のイメージがあり、事故が起きればほぼ確実に死亡事故となるばかりか、一度に多くの犠牲者が出てしまうことから、事故率も高いと考えてしまうこともあるでしょう。

ところが、統計によれば、毎日飛行機に乗っても、事故に遭遇するのは数千年に一度程度の確率なのだそうです。

もちろん、航空機メーカーや航空会社の不断の努力によって、事故の発生確率を社会で安全と認知される程度まで低く抑え込まれているからです。

一方、私たちは普段から二足歩行しています。この世に生を受け、つかまり立ちから自立歩行へ、成長に応じてコントロールできるようになります。しかし、二足歩行であるがために、歩道の端、舗装の継ぎ目など、ほんのわずか

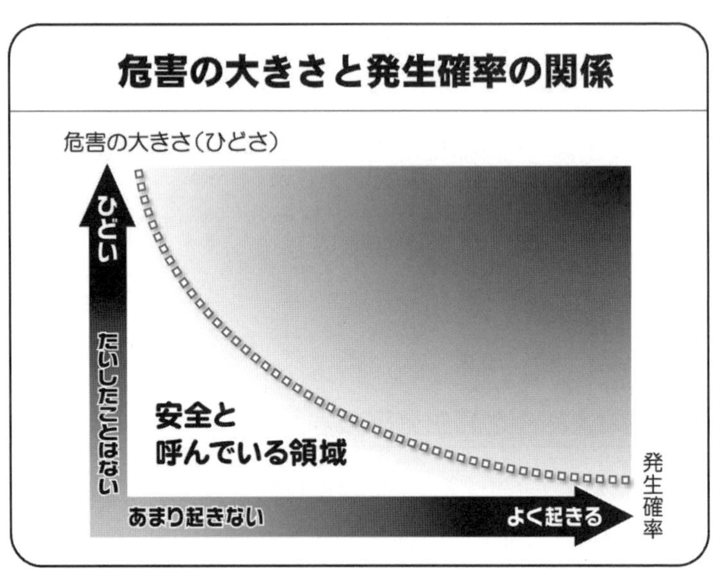

な段差で、時につまずき、場合によっては運悪く転倒したりします。私たちの転倒する確率は、航空機が事故を起こす確率よりはるかに高いでしょう。

この例を「危害の大きさ」と「発生確率」を使って、安全と呼ばれる範囲を表現すれば、

■　航空機は、危害は大きく、発生確率は極めて小さい
■　歩行は、危害は小さく、発生確率はある程度大きい

という整理ができます。

なお、歩行に関しては、一般的に年齢と共に発生確率と危害の大きさが変化します。小さな子供は、よく転ぶけれ

ど大きなケガに至ることは少なく、高齢者は子供ほど転ばないにしても、骨折など重傷化しやすいという具合です。

危害の大きさと発生確率は科学的に

リスク見積りを行う際には、危害の大きさと発生確率について、もう少し科学的に取り扱わないと、見積もる人によって結果に大きな開きが出てしまい、リスク評価に影響が生じてしまいます。

危害の大きさには**「傷病の程度」と「影響を受ける人数」**などがあります。航空機の場合には、傷病の程度も影響を受ける人数も大きく、歩行の場合には、傷病の程度が骨折程度であり、影響を受ける人数は本人のみ、というように整理ができます。

発生確率は、理論的には災害発生のシナリオに沿って、**危険源の影響を受ける頻度（危険状態となる確率）、危険事象の発生確率、回避できる確率**の順に検討することとなります。

例えば、航空機を全く利用しない人は、危険状態が生じないので、危険事象の発生確率や回避できる確率を検討する必要もなく、通勤にマイカーを利用する場合と公共交通機関を利用する場合では、歩行の頻度が異なる、というイメージで考えます。

なお、本節で解説している発生確率に関しては、あくまで理論上の話です。本書では、作業ごとのリスクアセスメントを解説する観点から、後に紹介（125ページ参照）する実現性の高い方式を採用したほうが、現場の負担にもならないと思います。

リスク評価　～許容の判断～

リスク見積りに基づいて、リスクを許容するかどうかなどの判断をすることを、リスク評価といいます。「安全の定義（後編）」（41ページ参照）で取り上げた例では、ファンヒーターを**利用する（リスクを許容する）のであれば、**残留リスクである熱による火傷や二酸化炭素、一酸化炭素による中毒に**対応する知識や行動が必要になる**と解説しました。

一方、小さな子供がいるなどの理由で、「人や燃えやすい物は吹出口付近から一定の距離を取る」などの現実化防止措置を実現することができないと判断する場合など、これらの**残留リスクを許容しない選択肢**もあり、この場合にはファンヒーターのような残留リスクが生じない暖房器具を選択する必要があるでしょう。

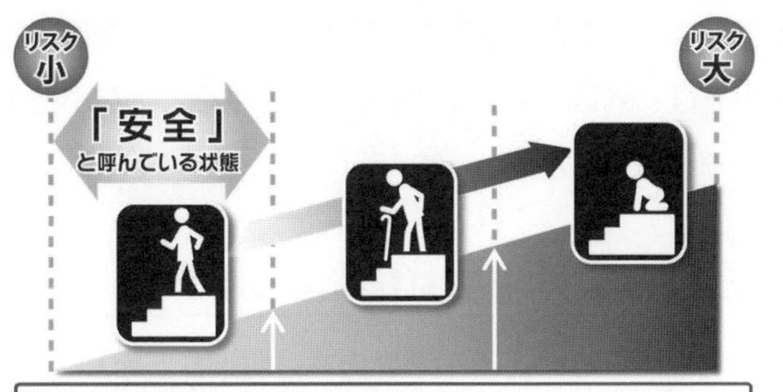

例えば、エアコンやオイルヒーターの採用（いずれも、ガスの発生がない）などが挙げられます。

なお、他の器具を採用する場合には、採用しようとする器具に対するリスクアセスメントが、改めて必要であることは、いうまでもありません。

また、階段を例にすれば、現役世代の健常者では必然的に階段の昇降を許容しています。

許容するとは、残留リスクを承知して挑むことですから、転落のリスクに対し、階段を利用する一人ひとりが、手すりを掴むなどの転落防止措置を実行する必要があります。

なお、対象となる人が高齢者の場合では、残留リスクを「承知」できたとしても、「挑む」ことが可能でない人もいるでしょう。つかまり立ちができるようになったばかりの子供では、残留リスクを承知することすらできないと考えるのが一般的だと思います。

リスク評価の判断基準は経営者の責任で

リスク評価は、日常生活の場では個人が判断しますが、事業場では経営者が判断しなければいけません。

もちろん、組織が大きくなれば、経営者が直接判断するのではなく、経営者に命（指示）じられた担当部署が作成した判断基準によって判断することも含まれます。

ところが、判断するタイミングになると、他人に判断を求め、他人の判断を理由にしてしまうことは少なくないようです。「○○に良いといわれました」では、根拠を持って判断したことにはなりません。法に定めがない場合に、他人が便利な基準を示してくれることは、あり得ません。

どのようなリスクを許容するのかは、**法令、対象となる人、時代背景（価値観など）、技術力などに照らして適切に判断する責任**があるということです。

具体的な考え方は、次の章以降で解説します。

解　説
～リスクアセスメント指針で注意したい用語～

本書で「リスクアセスメント指針」と取り扱っているものは、正式には「危険性又は有害性等の調査等に関する指針」です。

リスクアセスメント指針では、ISOやJISなどで用いられている「危険源」に相当する言葉や、「リスクアセスメント」という言葉が指している範囲が異なります。

「危険性」や「有害性」の用い方に注意

厚生労働省の「危険性又は有害性等の調査等に関する指針　同解説」によれば、『危険性又は有害性とは、労働者に負傷又は疾病を生じさせる潜在的な根源であり、ISO、ILO等においては「危険源」、「危険有害要因」、「ハザード(hazard)」等の用語で表現されているものであること。』とあり、**「危険性又は有害性」を「危険源」と同義**として説明しています。

これは、従前からの労働安全衛生法令との整合性を取るためのものです。

一方、JISの安全の定義は、

「危険性」の用い方の違い

労働安全衛生法第２８条の２第２項の規定に基づく
危険性又は有害性等の調査等に関する指針

危険源

リスクアセスメント

リスクアセスメント等
（リスクアセスメントの結果に基づく措置を含む）

- リスクアセスメント指針の「危険性又は有害性」は、「危険源」と同義
（危険性又は有害性等の調査等に関する指針 同解説４ページ参照）
- ＪＩＳの安全の定義で用いられている「危険性」や、広く一般的に用いられている「危険性」は、「リスク」と同義と考えられる。

人への危害または損傷の危険性（リスク）が、
許容可能な水準に抑えられている状態

や、社会一般で使用する場合の「危険性」や「有害性」という言葉は、「リスク」に近い意味合いで使用されるケースの方が、圧倒的に多いと思います。

例えば、台風の報道などで使用される「土砂災害の危険性が高まっている」とは、「土砂災害のリスクが高まっている」という趣旨でしょう。

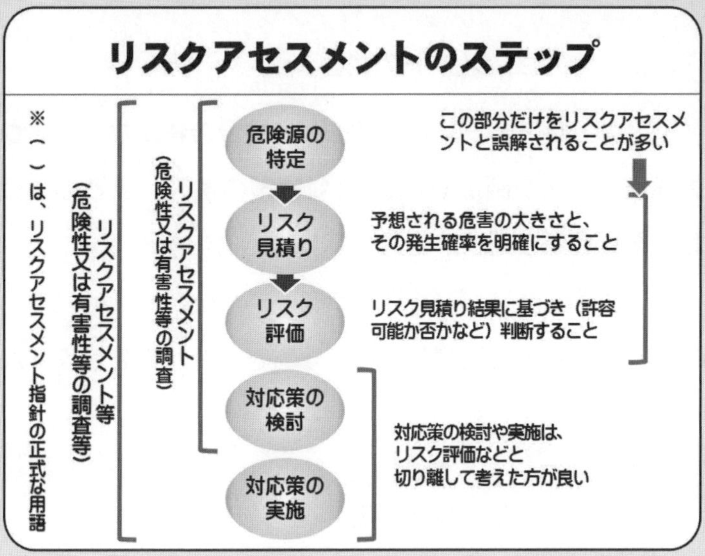

リスクアセスメントのステップ

危険源の特定
リスク見積り
リスク評価
対応策の検討
対応策の実施

この部分だけをリスクアセスメントと誤解されることが多い

予想される危害の大きさと、その発生確率を明確にすること

リスク見積り結果に基づき（許容可能か否かなど）判断すること

対応策の検討や実施は、リスク評価などと切り離して考えた方が良い

リスクアセスメント（危険性又は有害性等の調査）

リスクアセスメント等（危険性又は有害性等の調査等）

※（ ）は、リスクアセスメント指針の正式な用語

つまり、日本語として一般的に使用される「危険性」や「有害性」は「リスク」に近い意味合いで使用されていることが多いのに、リスクアセスメント指針では、これを「危険源」と定義しており、これに起因する誤解（混乱）が少なからずある、ということです。

本書では、誤用を避けるために、特に使用しなければならない場合を除いては、「危険性又は有害性」という用語を使用せず、ISO、ILO、JISに準じて**「危険源」に統一して使用**しています。

リスクアセスメントの範囲

リスクアセスメント指針では、**危険源の特定からリスク見積り、リスク評価を経て、「対応策の検討」までのプロセスを指してリスクアセスメント**といいます。

JISなどでは、リスク評価までを「リスクアセスメント」の範囲としている場合があり、双方で範囲が異なりますから、注意が必要です。

リスクアセスメント「等」の有無の違い

リスクアセスメント指針では、対応策の検討までがリスクアセスメントの範囲であり、リスクアセスメントの結果に基づいて、**対応策の実施**を行うことまでの全体を指して、「リスクアセスメント等」といいます。

本書では、「等」の有無だけで間違えやすいので、特に断らない限り、「対応策の実施」や「措置」などの一般的な言葉を使用し、**リスクアセスメント等は用いません。**

※ 厚生労働省「危険性又は有害性等の調査等に関する指針同解説」参照
https://www.mhlw.go.jp/bunya/roudoukijun/anzeneisei14/dl/ka060320001b.pdf

リスクアセスメントの全体像（本書解説の全体像）

安全の定義から順に考えてみよう～リスクアセスメントの正しい理解のために～

リスクアセスメントは、従来のＫＹに点数を付けたものではありません。本書の解説を通じて、リスクアセスメントが意図することの理解のためには、安全の定義から順に考えていきます。

リスクアセスメントの目的には、事故防止があります。ただし、事故は結果です。事故を防止するためには、過程を管理するしかありません。

第１章で解説したように、安全とは許容できないリスクがないことであり、許容している（「していることになっている」ものも含みます）リスクは存在しています。

リスクとは、「作業」と「危険源」が関わることで生じます。リスクアセスメントは、読者の事業場における「作業」をどのように把握するのか、関わる「危険源」をどのように定義し、どのように把握するのかということに尽きる、といっても過言ではありません。

記録シートの書き方、点数の付け方などから少し離れて、安全の定義に沿って純粋に考えてみましょう。

■　リスクアセスメントは、危険源と作業の関わり調査です。(71ページ参照)

■　リスクアセスメントでは、作業把握（を行う仕組み）が存在する前提があり、作業把握の考え方について解説を行っています。(76ページ参照)

■　調査対象とする危険源は、「特定すべき危険源」として事業場で定めなければなりません。(97ページ参照)

■　リスク見積りは、危険源ごとの「危害の大きさ」と「発生確率」の組合せ（22ページ参照）で考えます。

危害の大きさは、危険源のエネルギーの大きさに着目します。(100ページ参照)

発生確率は、危険源の防護や作業のやりにくさなどが影響してきます。(131ページ参照)

ただし、リスクを定量化することに厳密にならないようにしましょう。大切なことは、作業に関わる危険源を管理下に置くことです。

■　リスク見積りごとに、対応策の検討をしてはいけません。対応策の検討には、ある危険源に対して、関わる作業をある程度整理してから行うほうが、はるかに効果的ですし、リスクアセスメントの本来の趣旨に叶っています。(152ページ参照)

第２章以降で、これらの流れについて解説を進めていきます。

第2章

リスクアセスメントの準備

リスクアセスメントとは、記録シートを配ってKYのような記入を求め、点数付けをしておしまい、とはなりません。

リスクアセスメントを実施するためには、リスクアセスメントが行えるような「準備」があらかじめ必要です。

この章では、準備にはどのようなものがあり、具体的にどのような対応が必要なのかなど、リスクアセスメントの準備に必要なことを中心に解説を進めていきます。

リスクアセスメントを行う前段階での必要な理解と、実現可能な具体的手法を考えてみましょう。

自主的な安全衛生活動とは

読者は「自主的な安全衛生活動」という言葉から何を想像されるでしょうか。例えば、KY、ヒヤリハット報告や安全衛生パトロールなどの**調査の手段**であったり、安全カバーの取付けやルール順守などの**対応策の手段**が思い浮かぶかもしれません。

自主的の主語は誰？

はじめに、「自主的な安全衛生活動」の主語は誰でしょうか。

例えば、リスクアセスメント指針の趣旨には「事業者による自主的な安全衛生活動」と書かれています。ところが、「事業者による」とか「事業場の」という主語が外れて伝わると、「現場による」とか「個人の」という主語に、いつの間にか変換されることは少なくありません。

大切なことは、安全衛生活動が**事業として行われるもの**という以上、少なくともそれを**管理する必要**があり、組織で管理する以上、何らかの仕組みが必要となる、ということです。

できれば、管理するための仕組みは、特別に用意して、特別に実施するのではなく、通常の業務の中にしっかりと溶け込んでいたほうが**実効性は高く、**それを行う**現場の負担感は少ない**でしょう。

なお、私のこれまでの経験上、「安全衛生活動」というと現場の活動と捉えられたり、「安全衛生管理」というと労働安全衛生法にある安全管理者、衛生管理者などの選任という形式的な事柄に捉えられたりすることが少なくないので、本書では「リスク管理」という言葉を使用します。

論点がすり替わる

次に、自主的について考えてみます。

辞書で自主的を調べると、「他からの指図や干渉によらずに、なすべきことを自分の意思に基づいて行うさま」とあり、対する言葉には「強制的」や「指示待ち」があるようです。強制的とは「相手の意思を無視し、権力・威力などによって無理にさせるさま」、指示待ちとは「自発的には行動せず言われたことだけをやる様子」などと書かれています。もちろん、法令に規定されたことを行うのは、強制的でしょう。

法令順守は、ときどき本来の趣旨を逸脱します。例えば、法令に「ファンヒーターを使用する際には、１時間に１回以上窓を開けて換気をしなければならない。」という規定があったとします。すると、「窓は何センチ以上開けるのか」、「何分間開けるのか」というような質問が寄せられることがあります。

ファンヒーターを使用する部屋に、どのような窓が備えられているのか、腰窓なのか、掃き出し窓なのかによっても違うでしょうし、その日の風向きによっても異なることは、いうまでもありません。いつの間にか、事故防止という本来の趣旨が忘れ去られ、法令違反に該当するか否かに論点がすり替わってしまいます。

カップラーメンの「３分」とは、お湯を入れ始めたときから計測するのか、規定の湯量を注ぎ終えたときからなのか、という問いであれば「お好みでどうぞ」となりますが、ファンヒーター使用時の換気は、安全に関わる問題ですから、酸素や二酸化炭素の濃度などが、概ね外気の成分構成と遜色のない程度になる方策を、それぞれの状況に応じて決めるしかありません。

自主的には自己立証で臨む

現代は、技術革新のスピードも速く、それにあわせて新たな機械設備や化学物質が生まれてきます。しかし、安全衛生に関する法令の多くは、一定程度問題が大きくなってからしか制定できません。

そもそも、技術革新に法令が追いつくことはなく、また、新たな技術ごとに法令で規制することは、逆に技術革新を停滞させることになるのかもしれません。

だからといって、法令で規定されていなければ何もしないとか、あるいは、何をしてもかまわないという考えでは、社会が受け入れることもないでしょう。

事業場によって、あるいは各々の現場によって労働者が関わる危険源が異なります。

だからこそ、他からの指図や干渉によらず、自らの**合理的な調査結果に基づいて、**なすべきことに対して**合理的な判断を行い実行する、**という基本的な姿勢こそが「自主的」の大原則です。

呪縛からの解放

わが国には「見つけた危険をなくす」という考え方が根強くあります。

私たちは、知らず知らずのうちにこの原則に基づいて行動をしているのかもしれません。また、リスクアセスメントのような、従来とは違った考え方には、強い抵抗感や不快感を抱くことがあるのかもしれません。

見つけた危険に立脚するリスクアセスメント

「見つけた危険をなくす」の影響を受けていると思われるリスクアセスメントは、いまだに少なくありません。

そのリスクアセスメントは、洗い出し、見積りから対策まで、非常に短いサイクルで行われるという特徴があります。もう少し具体的にいえば、

① 決め打ちした作業などに対して、

② 感覚的に「これは危険だ」と思ったところ（見つけた）だけに「点数付け」し、

③ 「点数付け」した箇所にはハード対策やルールの策定など、「対策」と名のつく何らかの策をノルマのように必ず講じて「点数を下げ」、

④　それをもって「完了」とする。

読者の事業場で行われている一連のリスクアセスメントが、このようなパターンに当てはまるとしたら、「見つけた危険をなくす」の影響を受けていないか検証する必要があるのかもしれません。

「見つけた」にはバイアスがかかりやすい

「見つけた危険をなくす」を「見つけた」と、「危険をなくす」に分けて考えてみます。

わが国で歴史のある調査手法といえば、KY、ヒヤリハット提案、改善提案やパトロールなどが代表的なものでしょう。

これらの調査手法は、いずれも**個人の気付きが情報収集の入口（つまり「見つけた」）になっているという共通点**があります。

気付きは、個々の経験の量と質に大きく依存します。対象を見ようと意識しなければ、目にも留まりませんし、仮に目に留まったとしても、問題と感じなければ同様です。

例えば、自分以外の人が運転する自動車に同乗したとき、運転手の感受性に違和感を感じたとしても、おそらくその運転手は感じておらず、気付きを求めることすらできません。

また、人の認知には様々なバイアス（恒常性バイアスなど）がかかります。「自分は大丈夫」だという心の作用によっても、正確な報告は妨げられます。

いくつかの事業場で行われている、経営トップによる危険箇所指摘型パトロールも同じことがいえます。トップの方も、現場の方も、同じ人ですから、見ることのできる範囲、問題と思う範囲に、多少の違いはあったとしても、トップだから見落とさないことは、あり得ません。

加えて、時間軸からの見方をすれば、KYやヒヤリハット報告は、現場にいる人が現場での時間すべてを網羅しているのに対し、パトロールは、ある時間を輪切りにした状態でしか把握できていないことも考慮しなければなりません。

「リスクアセスメントは時間がかかりすぎて即効性がない。その間に重大な災害が発生するかもしれない」といった趣旨の意見があります。

リスクアセスメントという調査手法より、パトロールなどで見渡せばわかるのだから、「見つけた」のほうが早くて正確、という考えがあるのかもしれません。

残念ですが、各々の経験の量と質に大きく依存してしまう、個人の気付きをベースとした調査から得られた情報は、リスクアセスメントが求める合理的な調査方法とはいえません。合理的な調査方法の条件には、できるだけ個人の気付きに頼らない方法を選択する必要があります。

合理的であり、国際的に唯一合意された仕組みこそが、リスクアセスメントです。

危険はなくならない

次に、「危険をなくす」について考えてみます。

「危険をなくす」とは、何らかの措置を講じる（対策をする）ということか、それにより危険がなくなる（絶対安全＝すべての危険が排除された状態）ということのいずれかを指していると考えられます。

安全とは、

- 事故の起きない状態を指していない
- 残留リスクと共存している状態

と解説しました。

つまり、従来感覚でいう危険がなくなったり、二度と事故の起きない状態（絶対安全）になることはあり得ません。

改善活動が活発であるがゆえに

仮に本来のリスクアセスメントが行われたとしても、経営者や職制が、「見つけた危険をなくす」の呪縛から解放されていないと、やはり正確な情報が収集できないことにつながります。

例えば、現場の改善活動に力を入れてこられた事業場では、「改善につながらない」、「大掛かりな設備改修が必要だから」、「前回の報告で漏れたので今さら報告すると叱られる」などの理由で、報告されないということもあります。

改善活動が活発であるがゆえに、見つけた問題点を放置できない、どうにかして解消しなくてはいけないという思考パターンが働き、「なくせないなら見なかったことにしよう」という雰囲気に結びついているようです。

もちろん、リスクアセスメントを行っている際に、緊急で対応すべき先が明らかになったのなら、措置を直ちに行うことを否定しているわけではありません。

しかし、私の経験上「見つけた危険をなくす」の措置とは、現場の作業者の行動制限を取り決める程度のものが大半を占めていると思っています。それならば、リスクをある程度集約してからでも遅くないように思いますが、「何らかの策を必ず講じ」というノルマのような呪縛が存在するのだと強く感じます。

見つけた危険をなくして「完了」にはならない

繰り返しになりますが、リスクアセスメントは、措置の部分の話ではなく、調査の仕組みです。措置を行う前に、対象をできるだけ漏れなく把握する考えがなければ、本当に対応するべき箇所が未措置になってしまいます。

そもそもリスクアセスメントは、事業に付随して行われます。事業の運営に終点が存在しないのですから、その事業に付随する調査も、終点はありませんし、完了もありません。

この節で大切なことは、リスクアセスメントを行った対象について、**片っ端から措置を行わなければならないという呪縛から解放されてほしい、**ということです。

リスク管理という視点で考えれば、**リスクが高ければ高いなりの、低ければ低いなりの、管理を継続する必要がある**わけで、「措置をしたから完了。もう気にする必要もない」というような感覚は、安全の定義にも矛盾していることを、しっかりと理解するべきでしょう。

危険源と作業の関わり調査

読者の事業場では、リスクアセスメントを使って何を実現しようとしていますか。

法令に規定されているからとか、改善前と改善後の点数を比較するなど、主として改善の効果を見極めることを目的（64ページ参照）としたリスクアセスメントを行っていると、結局のところ事業活動と分離し、安全衛生だけが別という雰囲気が出来上がってしまいます。

事業に溶け込めないリスクアセスメントは、ただただ面倒なものでしかなく、それを強いられる現場は、いっそう疲弊するばかりでしょう。

テクニカルな話は後回しにしよう

リスクアセスメントに関する相談の一つには、リスク見積りの部分の「点数付けがばらつく」とか、「記録シートはこれで良いか」などというテクニカルな内容があります。残念ですが、このような相談の背景には、リスクアセスメント指針にしっかり目を通したことがなく、記録シートを現場に配布し、いきなり記載を求めていることが挙げられます。

先に解説したように、説明する側も、される側も、「見つけた危険をなくす」という考え方に立脚してしまいがちです。このような考え方のまま、記録シートのサンプルや他社の事例を見ると、これまでのKYのような記載内容に点数が加わっているだけ、と思ってしまっても不思議ではありません。

仕掛けの仕方やテクニカルな事柄は、後に解説しますが、まずはリスクアセスメントで何を実現しようとするのかについて、考えていきたいと思います。

危険源と作業との関わりを整理すること

結論から先に言えば、**リスクアセスメントで実現すべきことのうち最も大切なことは、危険源と作業との関わりを整理する**ということです。

先述したファンヒーターを例に考えてみましょう。

ファンヒーターは暖を取る道具ですが、使用にあたっては経年的に様々な作業が関わってきます。

例えば、燃料が消費されるので、必ず灯油の補給作業が生じます。室内の空気を取り入れる箇所にあるエアクリーナーは一定期間で清掃作業が必要でしょう。部屋を掃除したり、家具などの配置変更によって、ファンヒーターを移

ファンヒーターに関する危険源と作業の関わり（例）

ファンヒーターに関連する作業		ファンヒーターに関連する危険源					
関わる作業	担当部署	炎（燃焼）	電気	熱	CO CO_2	灯油	重量
ファンヒーター運転（定常作業）	現場	○	□	● ガス	● ガス	□	□
灯油補給（低頻度定常作業）	現場 職制	□	●（コンセントの抜き差し）	●（吹出口の予熱）	□	● 給油口	● タンク
エアクリーナー清掃（低頻度定常作業）	現場 職制	□	●（コンセントの抜き差し）	●（吹出口の予熱）	□	□	□
ファンヒーター移動（非定常作業）	保全	□	●（コンセントの抜き差し）	●（吹出口の予熱）	□	□	● 本体
センサー交換（非定常作業）	保全 特任	● 内部	● 内部	● 内部	□	● 内部	□

■ 作業ごとに強く関わる危険源が違う。
■ 危険源と作業を整理すれば、トータルなリスク管理が可能になる。
（リスク低減状況や残留リスクに対する現実化防止措置も整理できる。）

○ リスク低減済
□ 関わらない危険源
● 残留リスク

動させることもあるかもしれません。もう少し長い目で見れば、内部に取り付けられているセンサーなどの制御機器の交換作業が生じることもあるでしょう。

これらの作業ごとに関わる危険源は、

■ ファンヒーターの運転（つまり定常作業）においては、吹き出してくる熱、一酸化炭素や二酸化炭素などの物質と強く関わる。

■ 灯油の補給時には、灯油という物質と関わるほか、補給場所までカートリッジ式のタンクを運ぶことから、タンクの重さと強く関わり、そのほかコンセントの抜き差しやファンヒーターの運転停止直後の吹出口の予熱などにも関わる。

■ ファンヒーターの移動では、コンセントの抜き差しやファンヒーター全体の重量に強く関わる。

という具合に整理できます。

整理された表をもとに残留リスク対応を確認する

このように整理された表をもとに、誰が担当するのかを例として考えてみると、ファンヒーターの定常運転をする現場の一般作業者（家庭では家族誰もが）に対して、該当する残留リスクの教育を行わなければならないことがわかります。

仮に、灯油補給やエアクリーナーの清掃作業は、現場の職制が行うとすれば、その職制には一般作業者の教育に加えて、灯油や重量運搬に対する教育を追加する必要が確認できます。

センサー交換作業には、大きなリスクが伴うと判断されたとすれば、保全担当者の中でも特に指定された者（異常処置教育修了者など）が行わなければならないというルール設定もできるでしょう。

このように、現在、事業場において設定されているルールや教育内容、教育すべき対象者を確認するためにも、整理された表は合理的かつ論理的な根拠となります。

また、別の角度から見れば、ファンヒーターに関連する作業が経年的に整理され、一連の作業のコスト見積りを可視化できるということにつながります。

リスクアセスメントの本質とは、危険源と作業の関わりを整理して、対応策を検討するにとどまらず、後のマネジメントに活かすということにあります。

具体的には後に解説しますが、この節では**危険源と作業の関わりを整理するだけで、事業の中に溶け込んだリスクアセスメントになる**ということを理解してください。

作業把握方法の確立

リスクアセスメント指針では、リスクアセスメントの対象範囲を「労働者の就業に係る全ての危険源」と素っ気なく書かれています。

おそらくそれは、**作業の把握は事業活動を営む前提**という考えが元になっているのだと思います。

それぞれの現場で行われている作業を、できるだけ漏れなく把握するためのプロセスとは、品質や生産性などを把握するためのプロセスと同一であり、QCDSME（品質(Quality)、コスト（Cost)、納期・工期（Delivery)、安全（Safety)、モラル（Morale)、環境（Environment))すべてに共通することだからでしょう。

記録シートの議論より、作業把握が先

リスクアセスメントで、最も重要なことは、危険源と作業との関わりを整理する(72ページ参照)ことと解説しました。

一方、リスクアセスメントで話題の中心に挙がりやすいのは、点数付けなどの記録シートの記入の仕方や、記録シートの良し悪しになりがちです。

記録シートを通過する情報の整理

記録シートの良し悪しを議論する前に、そもそも行われている作業、つまり**評価すべき情報が、もれなく記録シートを通過できるよう仕組み化が必要**です。

繰り返しますが、**リスクアセスメントの急所とは、記録シートの書き方の議論ではなく、ずっと前の部分の仕組みを構築すること**です。

もちろん、仕組みを構築といっても、いきなり完璧なものを追い求める必要はありません。運用しながら、読者の事業場に合った方法へと改善すれば良いので、まずは考え方を整理しましょう。

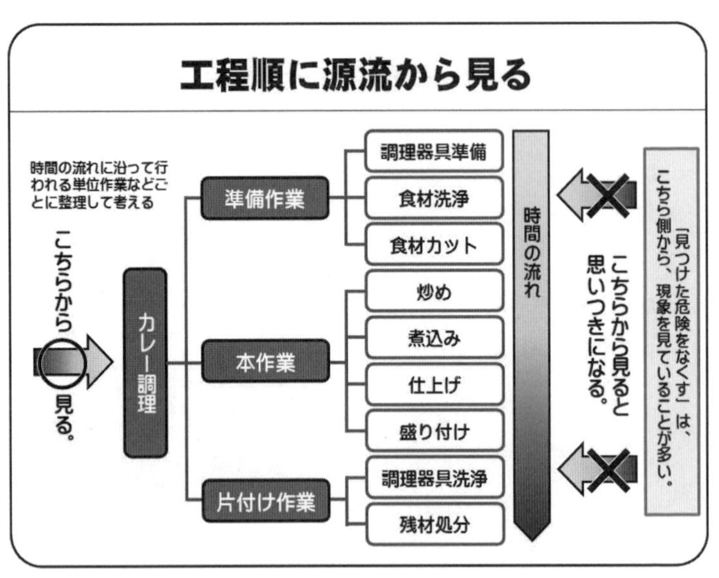

作業の捉え方は目的を理解しながら

作業と一言で言っても、様々な捉え方があります。

例えば、「カレー調理」と一言で言っても、一連の工程には様々な手順が含まれており、全部を一体として取り扱うには無理があります。

そもそも、リスクアセスメントでは、**危険源と作業の関わりを後に確認できる程度の単位**（73ページ解説の表を参照）にして把握したいわけですから、「カレー調理」では関わる危険源が整理できるとは到底考えられません。

かといって、「鍋を持つ」という要素作業にまで分解しても、関わる危険源を把握はできても整理ができないと思いますし、そこまでですると、リスクアセスメントそのものが作業となってしまいます。

品質や生産性などのために把握する仕組みがあれば、その区切りでもかまいませんし、仕組みが存在しなければ、一連の手順に区切りがつく程度でかまいません。

大切なことは、それぞれの職場で行われる本務について、その工程を上流から時間の流れに沿って、準備作業、本作業、片付け作業などに区分し、その上で工程作業に分解しながら整理することが必要です。

上流から整理せずに、結果から見て気になる作業を思いつきで洗い出すと、漏れ落ちることが多くなってしまいがちだからです。

日常の帳票を使えないか検討する

作業を把握するために新たな帳票を作成することは、可能な限り避け、普段現場で使用している帳票などから情報を拾い上げることができないかを検討します。

例えば、仕事の進行具合や、作業内容を記録する業務日報、作業報告書などが考えられます。

仮に、現行の帳票様式には、作業把握に必要な情報が入っていないとしても、まずは必要な情報が入るように様式変更を行うなど、書き方を工夫することを検討し、新たな帳票を作成するのは、日常に記載する書類が全く存在しない場合だけにしましょう。

また、この機会に、（QCDSME別などで）類似するような記載内容の帳票が複数存在するならば、各々の要求事項を盛り込んだ一つの帳票に統合できないか検討し、現場の負荷が低くなるようなことも併せて検討します。

つまり、日報などの帳票を通じて共通のプラットフォームができないかを検討（226ページ参照）する、ということです。

作業登録書を作る

これらの整理ができたら、職場単位で「作業登録書」という帳票を作成します。

作業登録書には、手順書の有無にかかわらず、これまで未登録のすべての作業を順次登録していきます。

作業登録書は、作業者が書くのではなく、直近上位のリーダー級の職制で取りまとめると良いでしょう。リーダー

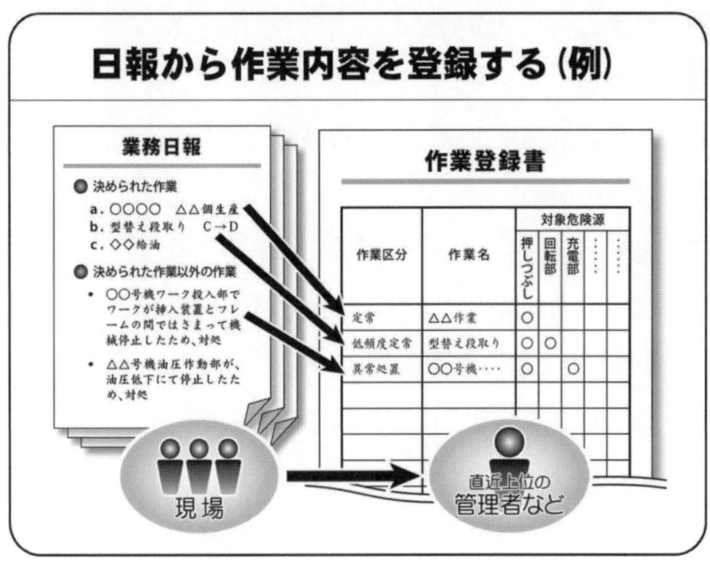

は、作業者が書いた日報から把握できる**未登録作業を順次登録**します。

これを実現するためには、リーダーに対して、管理するための一定時間を業務内に設ける必要があります。リーダーでありながら業務に忙殺され、いつのまにかプレイヤーにしかなっていない、そんなケースも見受けられます。

作業登録書に必要な項目は、事業場ごとの実情に応じて決めることですが、少なくとも**危険源と作業の関わりを後に確認できる程度という目的を忘れない**ようにしましょう。例えば、次のような項目が考えられます。

■　作業コード（番号など）

■　作業名

■　定常、低頻度定常、非定常の別

■　作業の概略

■　職場名など

■　機械設備が関係する作業であれば、機械名

（機番や資産管理番号など）

■　建設物に関与するのであれば、その場所

なお、業種や業態ごとの作業把握の注意点や単位作業の考え方などについては次節（83ページ参照）で、総合的な活用方法については第５章で解説します。

業種や業態で異なる作業把握の考え方

一言で作業把握と言っても、業種や業態、あるいは同じ事業場の中でも、作業の性質によって違った考え方を採用したほうが良い場合もあります。

現場の実態とかけ離れた一律な指示では、「いろいろな作業がある」などの漠然とした（反対）意見が出てしまい、上手く進められないことを見かけます。

もちろん、「人手がなく、いろいろな作業を受け持ってもらう必要がある」ということも理解できます。

しかし、いろいろな作業を把握しなければ、安全衛生だけでなく、品質や生産性に関する問題すら集約できない、とも思います。

この節では、業種や業態、作業の性質別に、いくつかの異なる作業把握の考え方について解説します。

量産製造業の作業把握は難しい

量産製造業では、前節の考え方に沿って、まずは**職場の本務から必ず生じる作業を整理**します。

作業手順書が存在するのであれば、その手順書単位で一つの作業として認定してもかまいません。

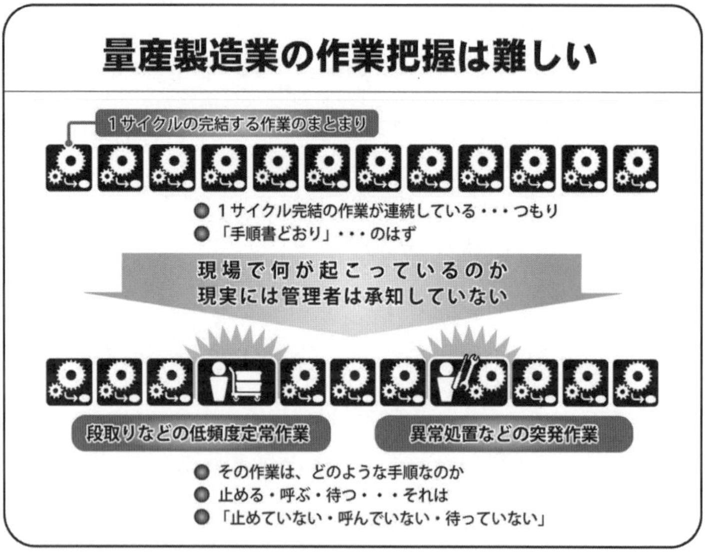

量産製造業の作業把握は難しい

1サイクルの完結する作業のまとまり

● 1サイクル完結の作業が連続している・・・つもり
● 「手順書どおり」・・・のはず

現場で何が起こっているのか
現実には管理者は承知していない

段取りなどの低頻度定常作業

異常処置などの突発作業

● その作業は、どのような手順なのか
● 止める・呼ぶ・待つ・・・それは
● 「止めていない・呼んでいない・待っていない」

その上で、**「作業者ごとに割当てた作業」と「それ以外の作業」を整理**します。

量産製造業であっても、1サイクル完結の作業がずっと連続しているわけではありません。作業の途中には、段取りなどの低頻度定常作業、あるいは機械のエラーなどによって、異常処置などの突発作業が必ず生じます。

これらの作業は、**〇〇製造作業として一括りにするのではなく、独立した作業として取り扱う**必要があります。

なぜなら、定常作業より低頻度定常作業や非定常作業のほうが、結果としての事故件数が圧倒的に多く、作業によって関わる危険源も明らかに異なる（73ページの表参照）からです。

また、非定常作業の多くは、設備などの不具合によることが少なくありません。不具合ややりにくい作業に起因することは、事故だけではなく、

■　生産性の低下のリスク
■　品質不良のリスク
■　環境負荷のリスク

が高まる要因になっているはずです。

割当てた作業を明確にしていないと、作業者は異常処置などの**非定常作業までも、自分の受け持つ通常作業の一部**としか思わないようになってしまいます。

これでは、「割当てられていない作業」や「気付いた作業」を日報に記載するよう指示を出したとしても、その作業には気付きません。

異常があったときには、「止める・呼ぶ・待つ」を徹底しているので、そこから作業把握ができる、との意見もあると思いますが、自分の受け持つ通常作業の一部と思っていれば、**止めるべき対象作業という認識であるかも疑問**です。

なお、「止める・呼ぶ・待つ」には、どのように止めて、誰を呼び、どのようにして待つのかを決める必要がありますが、こちらは対策を考える章（165ページ以降参照）で改めて解説します。

まとまり作業を単位作業へ分解する

量産製造業以外の業種では、定型化された作業が存在しないという認識が強くあり、リスクアセスメントには向かないという結論に結びついていることがあります。

また、量産製造業でも、バッチ処理が行われる工程、保全部門などでは、同様の認識であることが少なくありません。

手持ちの道具（包丁などを使った調理なども含まれます）や工具、汎用の機械を利用して作業を行う業態では、一つの「まとまり作業」を「単位作業」に分解してみると、解決できる場合もあります。

例えば、台所でのカレー調理作業では、鍋を使って煮込みをする全体工程の傍らで、玉ねぎなどの食材を包丁を使ってカットする作業や、肉汁を封じ込めるために行われる表面焼き作業などが並行して行われることがあり、これら全体を一つのカレー調理作業とするのではなく、それぞれ

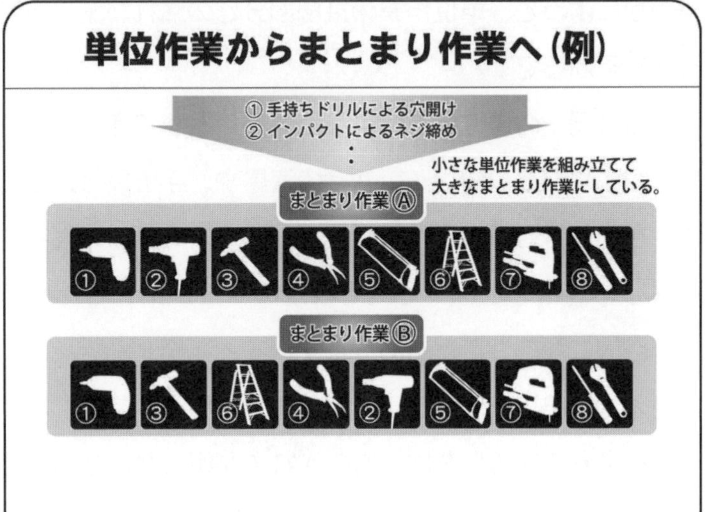

の単位作業に分解して捉えるということです。

同様に、産業現場では、脚立を用いてインパクトレンチを使用してネジ締め作業が行われる場合に、脚立作業とネジ締め作業に分解して捉えるという意味合いです。

この際、単位作業ごとに**作業の始まりと終わりを明確にしておく**必要があります。

例えば、包丁による食材のカット作業であれば、包丁置き場（仮置き場を含みます）から包丁を取り出し、再び包丁置き場へ戻すまでとするのか、単にカット作業だけとするのかによって、単位作業の接続部分での漏れが生じることがあるからです。

なお、同一の単位作業のように見ることができたとしても、包丁やカッターナイフなどの道具や、手工具（人力工具）を使って行う単位作業などで、明らかに危害の大きさが異なる場合などは、それぞれ別の単位作業としたほうが、目的にかなうこともあります。

例えば、包丁を使って玉ねぎを半分にする作業と、かぼちゃを半分にする作業は、力の入れ方が明らかに違い、結果として危害の大きさ（指の切創か、切断か）が異なってくる（270ページ参照）ような場合が挙げられます。

このように、単位作業に目を向けると、同じ作業が別のまとまり作業の中でも共有されていることが多く、**単位作業を組み立てて、まとまり作業とする考え方で解決**できないかを検討しましょう。

作業場所に「依存する」と「依存しない」の整理

作業をする場所や場面が変化したり、異なったりする代表的な業種は、建設業や道路貨物運送業などが挙げられます。

このような場合には、**場の環境（作業場所ごとの環境）に応じて変化する部分と、環境に関係なく行う単位作業を分けて考える**ことで解決できないかを検討しましょう。

例えば、自宅で作るカレーとキャンプ場で作るカレーは、工程内で発生する作業は同じ（場に依存しない部分）ですが、調理器具の置き方や調理場所の照度が違う（場の環境に依存する部分）などと整理できます。

建設業の専門工事業者や、運送業のドライバーは、それぞれの場で行う作業という切り口で考えると、同様の単位作業を組合せて行うと整理できます。

一方で、

■ 専門工事業者から見れば、該当の工事が終了すれば、別の現場の工事を行うなど、それぞれの現場に応じて、場の環境が異なる。

■ 道路貨物運送業の場合は、それぞれの荷主ごとに場の環境が異なる。

というように、場の環境の影響を受ける部分を整理する必要が生じます。

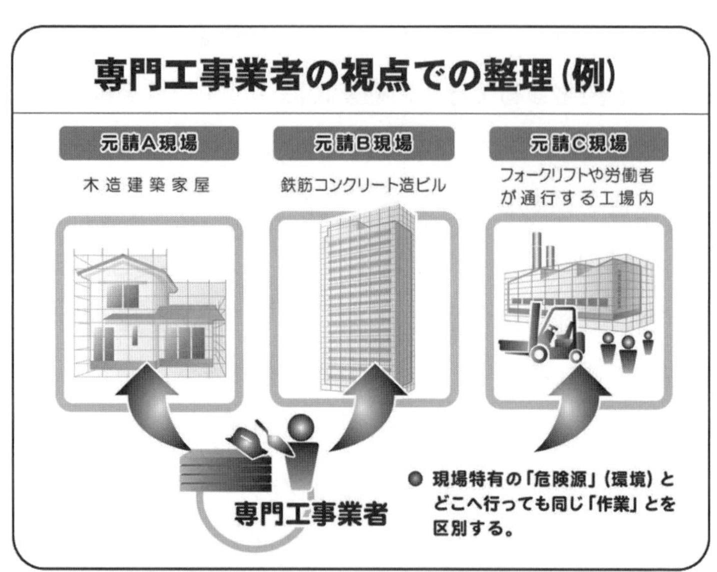

このように整理すれば、専門工事業者のリスクアセスメントは、**単位作業に着目し、場の環境に依存しない部分の危険源との関わりをあらかじめ見積る**ことができます。つまり、ドリルを使用する、サンダーを使用するなど、**単位作業に関わる見積りは、現場ごとに行う必要はなく、特に変化しない限り、あらかじめ一度だけ行っておけば良い、**ということです。

すみ分けができていれば、**場の変化に応じた情報を元請から入手し、その部分を追加で見積り**すればリスクアセスメントを終えることができます。

なお、建設工事現場の、

- 工事の進捗に伴って変化する場の管理に関わること。
- 複数の専門工事業者により行われる作業が、輻輳（ふくそう）することにより発生する危険源に関わること。

などについては、元請しか管理ができません。これらを考慮した工程計画の策定も、元請の受け持ちとなり、場に依存する危険源情報については、各専門工事業者へ通知しなければなりません。

このような考え方は、多店舗展開を行っている小売業や飲食店などでも応用できます。

仮に全社統一の手順書により、本社でリスクアセスメントを行うとしても、立地の違いにより厨房のレイアウトが異なれば、作業者の周辺にある危険源は異なります。

標準化された危険源と、場の環境によって変化する危険源を整理し、本社で行われたリスクアセスメントに、店舗ごとの作業者周辺の危険源を付け加えれば良いでしょう。

道路貨物運送業の場合では、（すでに仕組み化している事業場もありますが）一度目の配送時に環境を把握して記録すれば、二度目以降の配送において、その情報を利用することができます。

【法令解説】

法令の規定では、建設工事現場は、基本的に一つひとつの事業場とみなされます。つまり、建設工事現場における事業場とは、現場ができるたびに、その場に事業場ができ、現場が終わったらその事業場はなくなる、という考え方です。

元請だけでなく、現場で一緒に作業を行う専門工事業者も、その現場内に一つの事業場を構えたものとみなされるので、専門工事業者も、入場した作業者と請け負った作業についての管理責任を負います。元請の管理下で働くから、専門工事業者の経営者には管理責任がない、というわけではありません。

この原則により、専門工事業者は、それぞれ請け負った仕事について、リスクアセスメントをする必要があります。

危険源の特定とは

リスクアセスメントは、危険源と作業との関わりを整理することと解説（72ページ参照）しました。

もちろん、リスクアセスメント指針にも明確に「危険源の特定」が記載されている（96ページ参照）のに、そのステップを飛ばして、いきなり「リスク見積り」が行われている事業場が少なくありません。この節では、危険源の特定とはどのようなことなのかを解説します。

事故の具体的な予測は不要

危険源の特定では、**具体的に事故や疾病の予測を立ててはいけません。**つまり、リスクアセスメントにおける危険源の特定のステップでは、個人の感覚をできるだけ排除するため、**特定しようとする危険源が、「ある」か「ない」かの回答だけを求める、**ということです。例えば、

- 包丁を使って食材をカットするとき、「包丁で手を切る」という予測は不要で、「包丁を使うかどうか」の回答で良い。
- 「段差でつまずいて転倒する」という予測は不要で、「段差がある」という回答で良い。

ということです。従来のKY活動などでは、「ある」か「な

い」かだけを考えるステップがなく、いきなり「できるだけ具体的に、災害や疾病の予測を行いなさい」とされてきました。この影響は大きく、今でもリスクアセスメントを導入している事業場の多くで、いきなり災害や疾病の予測をする、誤ったリスクアセスメントが行われています。

いきなり予測することによる問題点は、「呪縛からの解放」の節（64ページ参照）で解説しています。

なぜ危険源の特定なのか

危険源の特定がリスクアセスメントの第一ステップである理由は、リスクの定義（21ページ参照）が『危険源ごとの「危害の大きさ（ひどさ）」と「発生確率」の組合せ』であり、**危険源が「ある」という認定をしないことには始まらないから**です。

危険源を特定してから調査することと、危険探しのように事故が起きるかどうかという目で調査前に安全と見切ってしまうこととでは、その先の精度は極端に違います。

危険源の特定こそが、リスク見積りの成否を左右するといっても過言ではありません。

「危険源の特定」の説明は容易ではない

危険源の特定では、特定しようとする危険源が、「ある」か「ない」の単純な回答を求めることなのですが、これまでの習慣により、

① 危ないと思ったところに目をつける

② 記録シートの「危険源」の欄を埋めるために、危ないと思ったところに当てはまる「危険源」を記録する

という、**「危険源の逆引き」が起きる**こともあります。

例えば、「はさまれ事故が起きそうだ」と予測した場合には、「はさまれ災害だから、危険源は『押しつぶし』と書いておこう」という具合に「逆引き」されるのです。

「できるだけ具体的に災害の予測をする」という方法に慣れてしまった作業者に、いきなり災害の予測をするのでなく、「ある」か「ない」かの判断に徹してください、といくら説明しても、切り替えるのは容易でありません。

このため、できる限り個人の感覚が入り込まないような、**淡々と判断できるような工夫が必要**となります。具体的には後に解説（97ページ参照）しますが、この節では、**危険源の特定において事故の予測は一切不要**ということだけをしっかりと理解しましょう。

【リスクアセスメント指針に基づく解説】

3　実施内容

事業者は、調査及びその結果に基づく措置（以下「調査等」という。）として、次に掲げる事項を実施するものとする。

(1)　労働者の就業に係る危険性又は有害性の特定

(2)　(1)により特定された危険性又は有害性によって生ずるおそれのある負傷又は疾病の重篤度及び発生する可能性の度合（以下「リスク」という。）の見積り《以下略》

リスクアセスメント指針の「3　実施内容」には、点数付けとなる「見積り」（(2)に記載）よりも前に、「危険源の特定」と書かれています。

しかし、KYのイメージが強いのか、いきなり(2)からスタートするリスクアセスメントを行っている事業場は、少なくありません。

特定すべき危険源を明確に

危険源の特定は、作業の各段階において、

- ■ 直接使用する機械や道具の危険源
- ■ 労働者の位置と周辺の状況で、関係してくる危険源

について、分類に即して一つずつ「ある」か「ない」かだけを特定することです。

例えば、寒い台所でファンヒーターを使用しながら、包丁を使って玉ねぎをカットする作業をする場合、包丁という「機械的危険源」のほか、ファンヒーターの残留リスクである「熱的危険源」と「材料及び物質の危険源」が特定される危険源になります。（ほかにも周辺で該当するものがあれば、当然対象となります。）

ここで大切なことは、個人の感覚をできるだけ排除して、「ある」か「ない」かを判断できるようにするため、**あらかじめ取り決めておく必要がある三つのポイント**を解説します。

調査対象危険源と除外できるエネルギー

取り決めておきたい三つのポイントのうち、はじめの二つについては、事業場として調査したい危険源の種類と、

特定する危険源と危害の大きさを決める

危険源の種類	調査対象とするか、しないか	除外する危害の大きさ
機械的	する	75N以下　80w以下
電気的	する	24V以下
熱的	する	50℃以下　28℃以下(環境)
騒音	しない	
振動	しない	
放射	しない	
材料及び物質	する	
滑り、つまずき及び墜落	一部する（段差のみ）	5㎝未満
人間工学無視	一部する（照度のみ）	

すべての危険源の調査はできないので、あらかじめ対象としたい危険源の種類と除外する危害の大きさを取り決めておく

その危険源ごとに除外できるエネルギー（危害の大きさ）を取り決めておくことで、図のようなイメージです。

(1) 特定すべき危険源の種類を明確に

一つ目は、これから本書に沿ったリスクアセスメントを行おうとする場合に、**読者の事業場において発生しやすい事故に関係する危険源の種類を（限定的に）定めておく**必要があります。

具体的には、自社や同業種で過去に発生した事故を、リスクアセスメントのステップに沿って分析するところから

始めることをお勧めします。それらを分析すれば、管理すべき危険源が何であるか、効果的につかむことができます。

例えば、鋳物業で発生した労働災害を危険源に着目して分析すると、ほとんどが、

■　機械的危険源のうち押しつぶしの危険源
（すき間が広くなったり狭くなったりする箇所）

■　機械的危険源のうち巻込みの危険源
（回転するところ）

■　物の重さ

■　熱（高温）

■　墜落の危険源（高さ）

に集約されました。

ほかにも、製造業、建設業、道路貨物運送業や商業など、それぞれの業種の安全衛生担当者に協力してもらい、同様に危険源を集約したところ、いずれも、数種類にしかなりませんでした。

言い換えれば、わずか数種類の危険源を管理するだけで、大半の事故をフォローすることが可能であるということです。（事故を確実に防止できるという趣旨ではなく、管理下に置くことができるという意味です。）

（フォークリフトの転倒事故の危険源を集約した具体例（117ページ参照））

(2) 特定すべき危険源のエネルギーを決める

二つ目は、一定以下のエネルギーの危険源は、あらかじめ除外してかまわないので、**特定すべき危険源のエネルギーなどの大きさをある程度明確にしておく**必要がある、ということです。

リスクアセスメント指針の「6　対象の選定」では、「平坦な通路における歩行等、明らかに軽微な負傷又は疾病しかもたらさないと予想されるものについては、調査等の対象から除外して差し支えない」とあります。これは、本節で解説する危険源のエネルギーと考えて差し支えありません。

一方、リスクアセスメント指針の解説（56ページのQRコードから参照可能）では、上記の「明らかに軽微な負傷又は疾病しかもたらさないと予想されるもの」には「過去、たまたま軽微な負傷又は疾病しか発生しなかったというものは含まれない」とされています。この趣旨は「危険源のエネルギーは大きいけれど、上手く回避できたことなどによって、たまたま小さな危害で済んだものは除外してはいけない」という趣旨です。

一般的に、**危害の大きさは、危険源のエネルギーの大きさと関係性があります。**

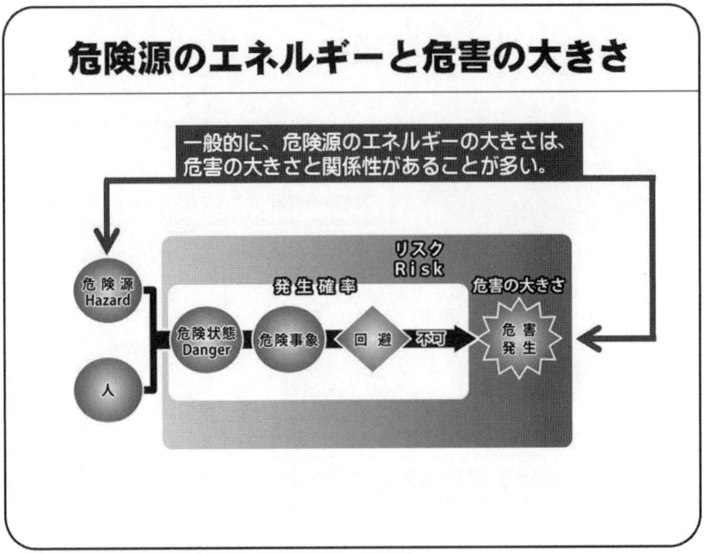

危険源のエネルギーと危害の大きさ

機械的危険源では、モーターの出力が大きいほど、はさまれたり、巻き込まれたときの危害は大きくなりますし、墜落の危険源では、高さが高いほど、電気的な危険源では電圧が高いほど、熱的な危険源では温度が高い又は低いほど、それぞれ危害が大きくなる傾向にあります。

もちろん、ある一定のエネルギーを超えれば、危害の大きさは、死亡などの重篤な結果に固定されてしまいます。

逆に一定以下のエネルギーの場合には、ほとんど危害を受けないこともあります。例えば、公称電圧1.5Vの乾電池で、正極と負極を同時に触っても、人がダメージを受け

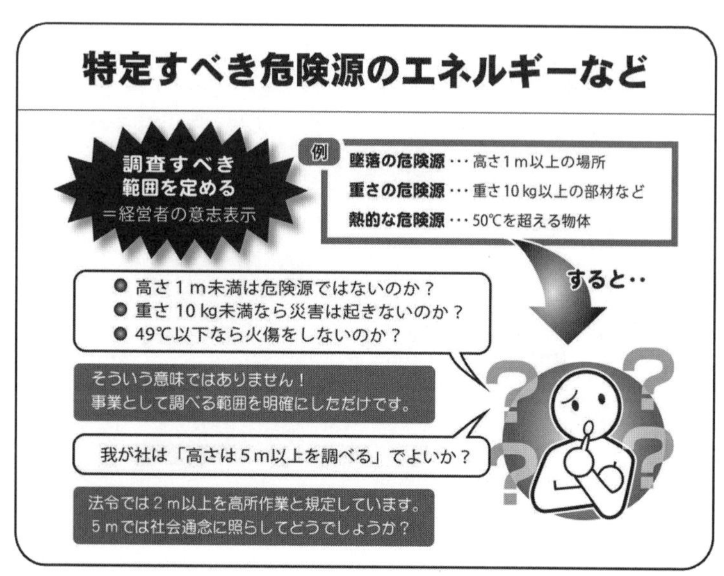

ることはありません。

これまでの解説のように、私たちはあらゆる危険源と関わっています。「関わるすべての危険源を抽出せよ」などとは、現実問題できるはずもありません。

例えば、転倒の危険源である段差で考えると、仮に１㎝であっても段差は段差です。しかし、「どんな小さな危険源も見逃すな！」というような指示をしてしまうと、１㎝の段差が何千個も抽出されてくるかもしれません。はたしてそれが集約したい情報なのか、ということです。

段差であれば「作業に関わってくる５㎝以上の段差は残

さず挙げてください」というように範囲を明確にするだけで、作業者は迷いなく特定できるし、結果も目的に沿ったものになり、**今までの危険探しより、何倍も多くの情報が集約される**はずです。

このような説明をすると「1㎝の段差は危険源ではないのですか」とか「転倒事故が起きても良いのですか」という質問が寄せられることがあります。

もちろん、学問上の「危険源に該当しない」とか、「事故が起きない」ということではなく、1㎝の段差により発生する結果としての転倒事故を無視して良いという意味でもありません。

リスクアセスメントの趣旨を考えるのであれば、まずは一定のところで線引きをし、特定すべき危険源のエネルギーの大きさを、ある程度明確にしないと、本当に集めたい情報が集まらないので、便宜上定めたほうが良い、という意味です。

また、現時点では社会通念に照らして、高齢者への福祉施設や特に小さな子供専用の施設などを除けば、1㎝の段差をすべて管理することが経営者に求められるとは思えません。もちろん、他に特定すべきものが全くないのであれば、１㎝の段差をすべて集約しても結構なのですが、経営者としての管理責任を考えたとき、社会通念に照らして優先順位をもった対象を定めることが必要です。

実際には、多くの場合この**範囲を明確に示すことが行われていないために、危険源として拾いあがってくる精度が悪く**なっています。

そのほかの除外する具体例として、

■　機械的な危険源では、駆動力75N以下

■　電気的な危険源では、電圧24V以下

■　熱的危険源のうち、対象物体の温度が50℃以下（火傷を対象）、気温28℃以下（熱中症を対象）

■　墜落の危険源では、高さ50㎝以下

■　重量物であれば、重さ10㎏以下

などが考えられます。

科学的根拠の具体例として、原動機出力が80W以下であれば産業用ロボットの適用除外であるとか、冷房の推奨設定温度が28℃など、社会一般として用いられている数値から引用する方法もあります。

これらのものであれば人体にダメージを与えるほどエネルギーが大きくない（危害の大きさが小さい）と判断され、

リスクアセスメントをしても許容できるレベルになるという科学的な根拠を示しながら、経営者の責任で決定しましょう。

なお、**高年齢労働者**などの労働災害防止を考えるには、対象とする**危険源のエネルギーの大きさを小さめに設定する**ことも考えましょう。

(3) 特定する危険源の空間的範囲を明確に

三つ目は、**特定する危険源の空間的範囲をある程度明確にしておく**必要があるということです。具体的な考え方は、次節(107ページ参照)で解説します。

はじめから完璧を求めない

このように集約された危険源を、**自社の特定すべき「危険源」として採用**してください。

「それだけの種類で良いのか」という意見もあると思います。しかし、仕組みを改善（PDCA）する過程で、後から危険源を追加することも可能ですから、**はじめから完璧なものを求めようとしない**ことが重要です。

完璧な仕組みなど存在しないことを言葉では理解しながら、このような場面では、つい、完璧を追い求めがちであることを認識してください。

注意すべきことは、**従来の安全衛生活動に慣れた方ほど、危険状態に目を奪われ、危険源に注意が向かない傾向がある**ということです。分析にあたっては、**「危険状態」に目を奪われず、「危険源」に目を向ける**ことをくれぐれも忘れないようにしましょう。

特定する危険源の空間的範囲

作業に関わる危険源を特定するためには、**特定する危険源の空間的範囲をあらかじめ決めておく必要**があります。

つまり、作業者から見て、どこまでの空間的範囲（距離）の危険源を特定すべき対象とするか、ある程度の目安が必要ということです。

危険源と人との関わり方の理解

「危険源の影響範囲」は、「危険区域」ともいい、「危険源周辺の空間」と考えてください。

危険源と人との関わり方については、大きく分けて以下の三通りがあります。

① 危険源の影響範囲に人が進入

② 危険源の影響範囲が拡大・移動

③ 危険源の影響範囲が発現

①の危険源の影響範囲（危険区域）に人が進入する（人から近づいていく）ケースは、台所のコンロを使って煮物や炒め物などの調理をするように、その場所に固定的に存在している危険源に対して、人の側から接近するパターン

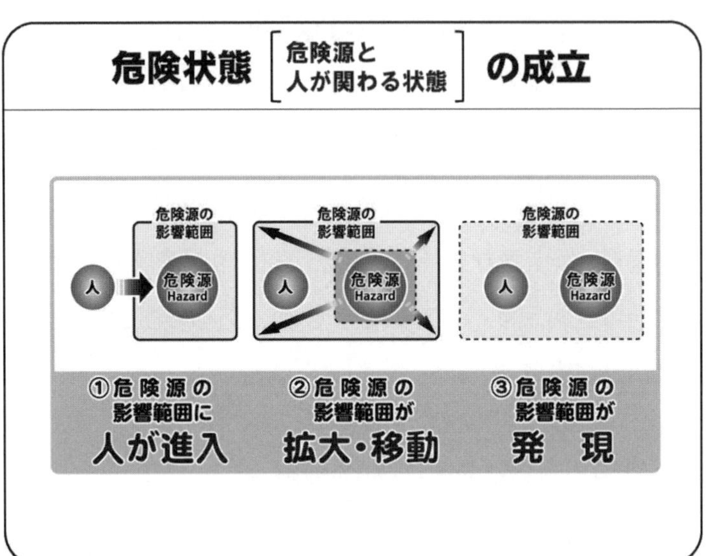

です。

　産業現場の例では、

■　製造業などで、機械にワークを着脱する作業

　機械に存在する固有の危険源に対して、人の身体（の一部）が進入する。

■　建設工事などで足場上へ、道路貨物運送業などでトラックの荷台へ上る

　足場上や、荷台などの高さという位置エネルギーを受ける場所へ、人が進入する。

など、様々なパターンがあります。

②の危険源の影響範囲（危険区域）が拡大・移動とは、危険源から人に近づいてくるパターンで、走行している車両やクレーンにつり上げられた荷などが代表例です。

③の危険源の影響範囲（危険区域）が（突然）発現するパターンは、酸性洗浄剤と塩素系洗浄剤が混合することにより、新たな塩素ガスという危険源が（突然）発現するなどがあります。

危険源を主人公とした影響範囲の理解

危険源の影響範囲（危険区域）は、**危険源の種類ごとに、「周辺の空間」に大きな違い**があります。

次の例を参考にして、**「危険源を主人公とした影響を及ぼす範囲」について、ある程度整理**しましょう。

■ 影響を及ぼす範囲が、かなり限定的なもの

- グラインダーの回転による巻き込みの危険源や砥石の切れ・こすれの危険源は、その周辺近く
- 動力伝達機構の巻き込みの危険源は、その周辺近く
- 包丁やカッターナイフでは、その刃先

■ 影響を及ぼす範囲に、ある程度広がりがあるもの

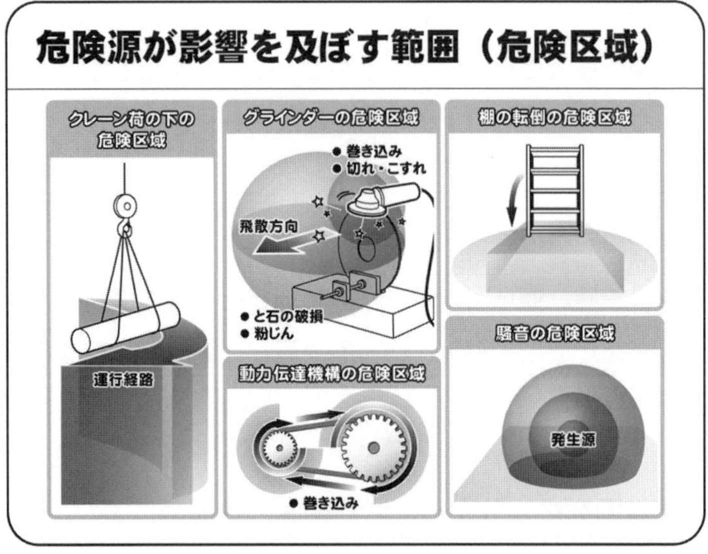

- 棚が転倒することによる押しつぶしの危険源などは、転倒する向き（安定度の低い向き）に向かって棚の高さと同じ距離まで
- 騒音では、発散源から一定の距離
- グラインダーと工作対象物が接触したときに発生する粉じんや砥石の破片は、接触面から一定の距離
- ファンヒーターの吹出口付近の熱では、一定の温度以下になる場所付近まで
- 電路（通常の使用状態で電気が通じているところ）では、電線から一定距離まで（使用する電圧によって

影響範囲が変化）

● 作業床の端

※ 作業床の端付近で転倒した弾みで転落するなどを考慮すると、身長と同程度までの距離を影響範囲として考えたほうが良いもので、この考え方を採用している事業場は数多くあります。

■ 影響を及ぼす範囲に、かなりの広がりがあるもの

● ファンヒーターから発生するガス（二酸化炭素及び一酸化炭素）は、部屋全体

● 外気温（暑熱）であればその地域全体

人を主人公とした危険源への関わり方の理解

危険源を主人公とした「影響範囲」や「関わり方」について解説しましたが、これだけでは「特定する危険源の範囲」を決めることはできません。なぜなら、作業における動作が考慮されていないからです。

私たちは日常の生活において、予期しない事態が発生したとき、通常では行わない動作をすることがあります。

例えば、台所でコンロを使って調理中に、調味料の容器ごと鍋に落としてしまったとき、「火傷をする」という冷静な予測より、「調味料の容器を救出する」といった意識が強くなり、思わず手を出してしまったことは、誰にも経

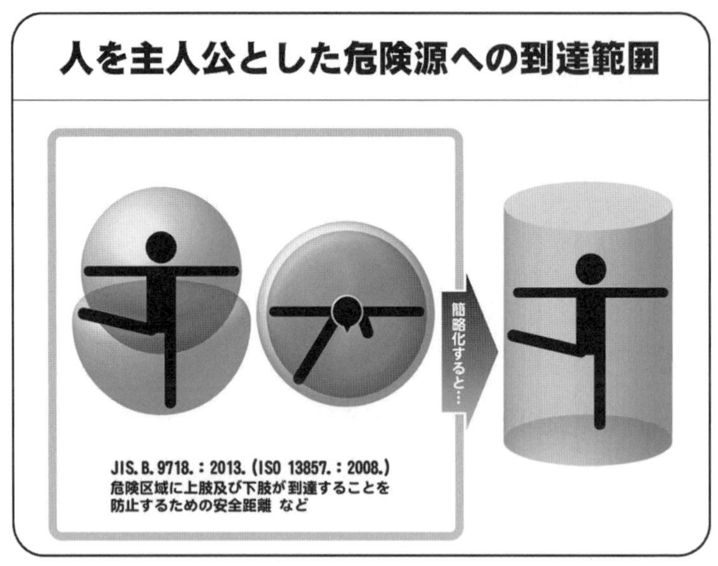

験があることでしょう。

産業現場でも、回転する機械に異物が混入し、その異物を除去するために、思わず手を出して被災するようなケースは数多くあります。

リスクアセスメント指針にある「合理的に予見可能」とは、このように「思わず手が出る」などの範囲についても、**「人を主人公とした危険源への到達範囲」として、特定する危険源の範囲に定めておく**ことが求められていると考えられます。

「思わず手が出る」を考慮した、「人を主人公とした危険源への到達範囲」では、作業者の動線などを考慮した上で、人を中心に半径１ｍ程度（上方空間も含みます）を対象とすれば適当です。

逆に考えれば、回転中の歯車から10ｍも離れている場合に（その作業では）「思わず手を出す」ということが、「合理的に予見可能」には含まれないとも考えられます。

二つの主人公を組み合わせる

これまで解説した「危険源を主人公とした影響を及ぼす範囲」と「人を主人公とした危険源への到達範囲」を組み合わせて基本となる考え方を定めましょう。

危険源の影響範囲（危険区域）に人が進入するケースでは、原則として作業手順にしたがって、作業者が行動する範囲と、それぞれの手順における立ち位置を中心として、半径１ｍ以内にある「危険源の影響範囲」（109ページ参照）を対象とすれば適当でしょう。

振動の危険源などは、作業において使用するものだけを対象とすれば良く、滑り、つまずきの危険源では、作業者が行動する範囲に存在するものを対象とします。

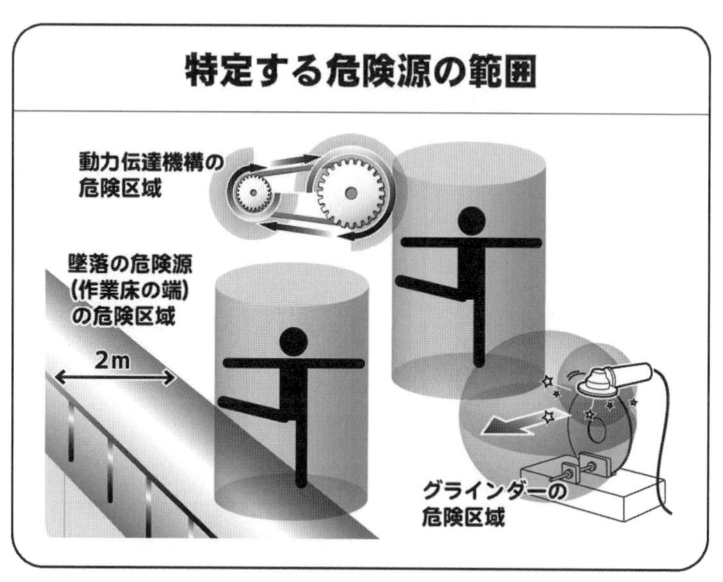

特定する危険源の範囲

なお、騒音や暑熱などの場合は、そのエリアに行動範囲が含まれているかどうかで判断し、この場合は作業全体が危険源の影響範囲にあると考えましょう。

危険源の影響範囲（危険区域）が拡大・移動するケースでは、どのような危険源を対象とするのかによって、考え方が大きく異なります。

実際に操作をする者以外の作業者から見れば、（構内を走行する）自動車やフォークリフト、クレーンにつり上げられた荷などを対象とした場合には、運行経路と交差する箇所を対象とすれば良いでしょう。

「車両が走行していないときや、クレーン操作が行われていないときはどうするのか」との意見もありますが、日常生活でも「道路を横断するとき」で考えているわけで、同様の考え方を採用することが適当です。

なお、実際に玉掛けなどの操作をする作業者から見た場合には、「危険源の影響範囲（危険区域）に人が進入するケース」として考えたほうが整理できる場合もありますから、注意が必要です。

危険源の影響範囲（危険区域）が発現するケースについては、考え方が少し複雑になります。巻末資料に一部取り上げていますが、まずは本書で解説しているリスクアセスメントが定着してから取り扱ったほうが良いので、本書では詳しく取り上げません。

合理的な危険源特定のために

リスクアセスメントを進めるにあたって、「危険源を主人公とした影響を及ぼす範囲」と、「人を主人公とした危険源への到達範囲」を組み合わせて、特定する危険源の範囲をあらかじめ決めておくことは、個別の判断に委ねないという視点からも必要なことです。

ただし、あまり複雑にしたり、ややこしくすると、多くの場合に頓挫しますので注意が必要です。

もちろん、安全衛生部署などの管理する側は、趣旨をきちんと理解したうえで簡略化する努力が必要なことはいうまでもありません。

なお、「動いている機械に手を出すことは、本人の不安全行動だろう」との意見もあります。しかし、仮に他人から見て不合理であったとしても、人はそれぞれ最も合理的に行動しており、**多くの「不安全行動」といわれることは、結論づける者から見た結果論である**と理解したほうが良いと思います。

【参考】

「フォークリフトの転倒」が発生する危険源

特定すべき危険源を定めるためには、自社や同業種で発生した事故を、リスクアセスメントのステップに沿って分析することも必要と解説（98ページ参照）しました。

具体的な方法として、事業場内でフォークリフトが転倒した事故から、危険源を集約する例を掲げます。

フォークリフトなど、車輪径の小さな車両も存在します。このような車両は、床面の段差などでも容易に転倒に至ることがあります。また、フォークリフトの走行する場所や、使用実態によっても違いますが、

- 一定以上の床面の凹凸
- 排水溝のふたや、ふたの転移
- 一定以下の曲率のカーブ（速度との関係性）
- 走行経路上の構造物の地上高

（荷やマスト高さと、上部構造物との位置関係）

- 走行経路上の路盤強度

（フォークリフト自身の自重による法面（のりめん）の崩壊など）

などが危険源になっているようです。

第3章

リスク見積り

リスクアセスメントのプロセスで大きなウェイトを占める一つに、リスク見積りがあります。

リスク見積りは、点数を付けるなどの行為を伴い、これまで行われてきた安全衛生活動と見た目に大きく異なるため、これこそがリスクアセスメントなのだ、と誤解を招きやすい部分でもあります。

この章では、正しいリスク見積りとは何か、行われている評価方法には、どのような問題点があるのかについて明らかにし、実行可能なリスク見積りの方法を解説していきます。

記録シートに「○○して○○なる」は不要

リスクアセスメントは、記録シートの構成の仕方によっても成否が大きく変わることがあります。

この節では、リスクアセスメント指針に沿って、現在取り扱われている記録シートをどのように変更したら良いか、そもそも記録シートは必要なのかを含めて、解説を進めていきます。

現行の記録シートを確認しよう

リスクアセスメントを「KYに点数付けをするようなもの」と誤解されているケースは少なくありません。このような事業場の記録シートには、きまって危険源の記入欄が存在しません。

リスク見積りの最初のステップには、危険源の特定があると解説（93ページ参照）しました。**危険源が記入できない記録シートを採用している場合は、**リスクアセスメント指針に基づいていませんから、**危険源を必ず入れましょう。**

見積り結果ごとに対応策欄がある記録シートは、見つけた危険をなくすという**呪縛から解放されていない**（64ページ

対応策の記録は別の帳票で

対応策は、見積り結果に対して1対1で考えるべきものではないので、記録シートから削除したほうが良い。

リスクアセスメント記録シート

業区分：定常
業 名：○○○○○

特定すべき危険源					災害のシナリオ	リスクの見積り			対応策
押しつぶし	回転部	充電部	……	……		危害の大きさ	可能性	リスクレベル	
○					引っかかった部材に手を出して、チャック部に指をはさまれる。	3	10	13	
					部材をセットする際にミスをして、チャック部に指をはさまれる。	3	6	9	
	○				回転するチャックに服の袖が触れて、腕が巻き込まれる。	6	6	12	

参照）と思われます。安全衛生だけでなく、品質や生産性のリスクもセットで比較検討（166ページ参照）しなければ、事業に根付いた対応策の検討にはなりません。

リスクアセスメントで抽出される危険源は、相当な数になりますから、そもそも一案件ずつ対応策を記入することは不可能ですし、記録を集約した先で対応策を検討することに大きな意味があります。また、対応策欄があることは、結果的に**対策できるところだけが見積りされるという弊害**を生んでいます。

記録シートから対応策欄は除外しましょう。

なお、リスクアセスメント指針では、対応を行った記録も要求していますが、見積りとセットで記録せよとは書かれていません。

そもそも記録シートは必要か

「記録シートは必要か」という意見もあります。

経営者が直接把握できる事業規模であれば、これから紹介する記録シートを必ず用いる必要はなく、作業に使用する機械ごと、あるいは作業場所ごとの集約情報（73ページ参照）を直接作成すれば良いと思います。

もう少し踏み込んで解説すれば、経営者が直接把握できる事業規模で、作業者と一緒に現場で作業をしており、本書の解説の趣旨に沿っているならば、「記録せよ」というリスクアセスメント指針に従っていないという点を除けば、**すべてを頭の中で整理していたとしても、リスクアセスメントである**とは思います。

規模が一定以上になると、事業を推進するために様々な機能が分業化されます。当然ですが、分業された場合には安全衛生に限らず、部内での認識の共有や、後輩への伝承などを含め、何らかの書面化が行われるわけで、リスクア

最低必要な記録事項

リスクアセスメント記録表

作業区分		手順書	登録No.
作業名			

対象危険源（具体的に）	危害程度	依存度	想定部位	備考（メモ）

セスメントに関しても同様です。

ただし、**記録があったとしても、リスクアセスメントの趣旨を逸脱していては、本来のリスクアセスメントではない**と言えるでしょう。

記録シートに最低限必要な項目とは

これらを踏まえて、最低限必要な記録シートを考えてみましょう。

まず、リスクアセスメントは、危険源と作業の関わり調査ですから、**危険源の項目は必須**です。一方、従来の**KY**

のような「○○して○○なる」などの具体的な記述は、必要ありません。

リスク見積りには、「危害の大きさ」と「発生確率」を用いますが、本書解説のリスク見積りは、これまで寄せられた相談内容を元に、誤解を生みやすい問題点を解決しながら、かつ、リスクアセスメントの本来の目的を失わないように「危害の大きさ」と「人への依存度」と表現を変えて（134ページ参照）います。

危害の大きさの見積りには、対象危険源が**人体のどこに危害を及ぼすかを決める必要**があります（決める必要がない危険源もあります。）から、「想定部位」を記入する欄を設けました。

読者の事業場で採用されている記録シートと比較して、ずいぶんと簡素なものと思われるかもしれませんが、**リスクアセスメント指針に必要な項目は、これで網羅できている**のです。

点数付けは必要ない？

リスク見積りの段階で、見積り点数を巡ってまとまらず、現場や担当者ごとに大きなばらつきが発生することがあります。その理由の多くは、見積り点数の意味合いが整理されていないことが多いと感じます。

一方、意味合いが整理され、それを説明することができたとしても、ばらつきがなくなることはありません。**意味合いが整理されているのであれば、多少のばらつきは許容**しましょう。

そもそも、従来のKYやヒヤリハットなどの**気付きベースの活動**（64ページ参照）**には、ばらつくという概念すらなかった**ことに気付いてください。

もちろん、ばらつくということは、仕組みのどこかに問題があるのかもしれません。現在行われているいくつかの事例を交えて、解決策を探っていきましょう。

危害の大きさ判定は、比較検討可能な方法で

リスク見積りのうち、**危害の大きさは、**基本的に**危険源のエネルギーの大きさ**（100ページ参照）を用いることが適当です。

危害の大きさの評価点（例）

危害の大きさ	評価点
死亡	１０点
重傷	６点
軽傷	３点
微傷	１点

あいまいな表現を障害等級表などの比較検討可能な内容に置き換える

危害の大きさ	評価点
死亡 身体障害等級 １～３級	A
身体障害等級 ４～１４級	B
上記以外の骨折 その他のけが	C
ほぼ影響なし （軽い打撲・痛み）	D

ポイント
「ほぼ影響なし」は、あらかじめ除外できる。

危害の大きさ評価点に、「休業４日」や「不休」などの結果から導かれる表現や、「重傷」や「軽傷」などの**あいまいな表現を使用することは、ばらつきを生む原因**になっています。また、危険源のエネルギーに着目することなく、評価者それぞれの**経験や感覚に委ねている場合も同様**です。

危害の大きさの評価には、**障害等級表などの比較検討可能な内容に置き換えることで改善**できます。危険源のエネルギーに関しては、巻末資料（263ページ参照）での解説を参考にしてください。

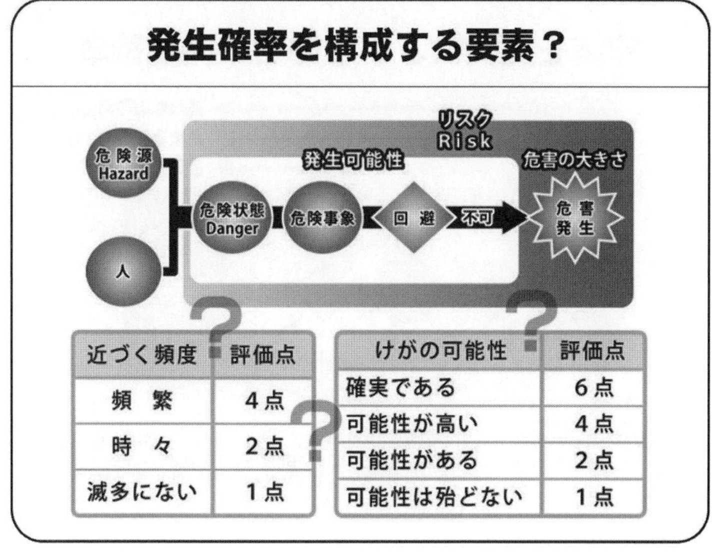

近づく頻度	評価点
頻　繁	4点
時　々	2点
滅多にない	1点

けがの可能性	評価点
確実である	6点
可能性が高い	4点
可能性がある	2点
可能性は殆どない	1点

また、「ほぼ影響なし」の欄を網掛けにしているのは、特定する必要のない危険源のエネルギーに該当（104ページ参照）すると考えることができるものです。

読者の事業場で、特定すべき危険源で「ほぼ影響なし」に該当するものを除外できているのであれば、網掛け部分は不要です。

なお、危害の大きさを構成する要素には、傷病の程度と影響を受ける人数なども考慮（49ページ参照）する必要があります。

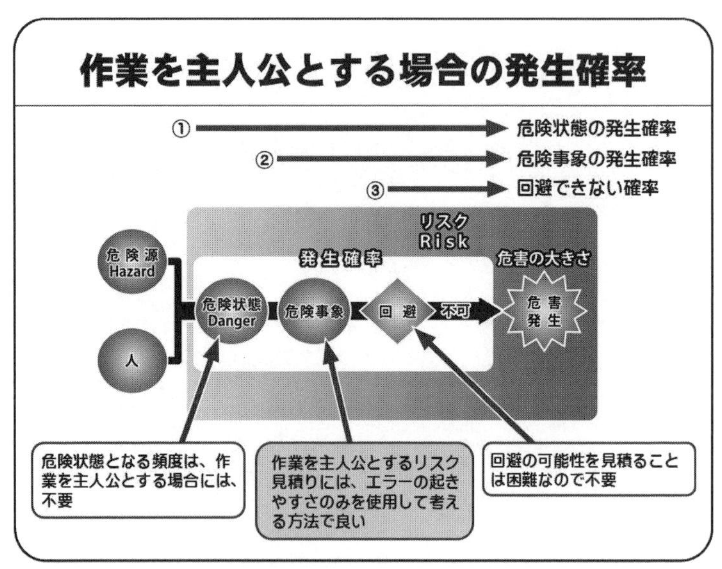

作業を主人公とする発生確率の考え方

リスク見積りのうち、**発生確率は、災害発生のシナリオに沿って構成**されます。

厳密には、災害発生のプロセスに沿って、

① 危険状態の発生確率（危険源の影響範囲に入る確率）

② （①のうち）危険状態から危険事象が発生する確率

③ （②のうち）危険事象が認知され、回避できない確率

の三要素で、順に入れ子になって構成されます。

このうち、③の**回避については、**多くの場合に、結果と

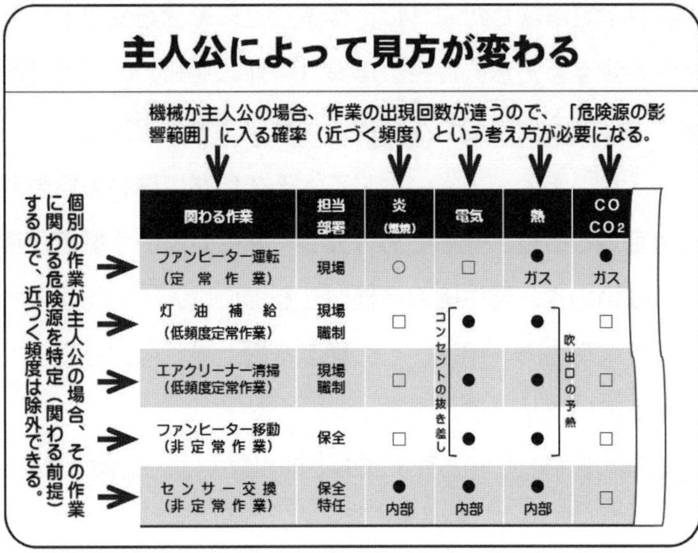
主人公によって見方が変わる

関わる作業	担当部署	炎（燃焼）	電気	熱	CO CO_2
ファンヒーター運転（定常作業）	現場	○	□	● ガス	● ガス
灯油補給（低頻度定常作業）	現場 職制	□	●	●	□
エアクリーナー清掃（低頻度定常作業）	現場 職制	□	●	●	□
ファンヒーター移動（非定常作業）	保全	□	●	●	□
センサー交換（非定常作業）	保全 特任	● 内部	● 内部	● 内部	□

して成功したにすぎず、不確定要素が多すぎるため、事前に見積ることも難しく、**採用しないほうが適当**です。

また、いくつかの事業場では、①の危険状態の発生確率（図中「近づく頻度」）と、②の危険事象の発生確率（図中「けがの可能性」）という二つの要素で発生確率を構成している例もあります。

もちろん、それぞれの意味合いを説明できるのであればかまいませんが、これからリスクアセスメントに取り組む場合や、今の仕組みを改善しようとする場合には、**①の危険状態の発生確率を採用する必要はありません。**

これまで解説したように、作業ごとに影響を受ける危険源を特定する方法の場合、作業（一連の手順）の中で「影響範囲にある危険源」を抽出（109ページ参照）しています。

つまり、作業を主人公として、**その作業に関わる危険源を特定しており、そもそも「近づく頻度」という概念が存在しない**ので、発生確率を検討する際には、②の危険事象の発生確率のみを用い、その精度を向上すれば足りると考えれば良いでしょう。

※　読者の事業場が、①と②の二段階で構成していて、問題なく機能している場合に、あえて変更する必要はありません。くれぐれも、この点に誤解のないようにお願いします。

発生確率を構成する要素

②の危険事象の発生確率で重要なことは、**見積りをしている作業に対し、危険源に有効な安全防護があるかどうか**です。有効な安全防護の考え方に関しては、対策の章（188ページ参照）を参照してください。

なお、安全防護の有無による評価基準は、【技術解説】（134ページ参照）で確認してください。

次に影響を与える要素には、作業のしやすさや、ルールの守りやすさなどがあります。

危険源への安全防護がなかったり、一時的に防護を無効化しなければいけない作業、例えば、

■ 安全装置類を無効にしたり、カバーを取り外す必要がある。

■ 臨時に足場などの手すりを外して行う作業がある。

などの場合には、安全防護が存在せず、人への依存度によって発生確率が変わりますから、こちらが重要な要素になります。

人への依存度の見積り基準には、作業の中に熟練を要する工程、やりにくい工程、通常の作業位置でできない作業、作業の遂行が妨げられる、などの有無を判断の目安に入れることで、評価のばらつきが小さくなるほか、対応策の検討で用いることができます。

例えば、

■ 直径15㎝のケーキの外周付近に、一周で10箇所に等間隔で生クリームを適量絞り出す(熟練が必要)。

■ 片手で自分自身の姿勢を介助しながら、もう一方の手で作業をする手順が存在する(やりにくい作業)。

危険源への防護以外の発生確率（例）

発生確率	評価点
かなり高い	10点
中程度	6点
かなり低い	1点

あいまいな表現をエラーの起きやすさなどで例示して表現する

人への依存度	評価点
● 熟練が必要 ● かなり勘やコツが必要 ● やりにくい作業 ● 頻繁に作業の遂行が妨げられる	A
● 少し熟練が必要 ● 勘やコツが必要 ● 作業の遂行が妨げられることがある	B
● 短い期間の訓練で作業ができる ● 作業に専念できる	C

ポイント
危険源の防護に関することを盛り込んでいない。

● 外壁工事中に、足場から身を乗り出さなければできない作業がある（通常の作業位置でできない）。

● 移動式クレーンの能力の90％を超える作業半径となる（機能の限界付近）。

というように、**作業姿勢や、作業内容によってエラーの発生確率は格段に違い**があります。

どの程度の「人への依存度」が、どの評価点に該当するのか、あらかじめ判断基準を示しておきましょう。現場が判断に迷ったケースなどを集約して、判断基準を改定していくことは、安全衛生部署の役割です。

なお、このような工程は**安全衛生だけでなく、品質などのトラブルの発生確率にも、生産性の低下にも影響していることが多い**と感じます。

【重要なポイント】

図中にも「ポイント」として記載してありますが、発生確率を第一に構成する要素である「危険源の防護に関する事項」をあえて盛り込んでいません。

この理由は、【技術解説】(134ページ参照)で解説しています。

【技術解説】本書が採用する見積り基準と一般的な基準

リスクアセスメントの相談の多くが、記録シートの記入の仕方や、記録シートの良し悪しに関係する内容など、テクニカルな話題が多い、と本書では幾度となく取り上げています。

記録シートを拝見し、上手くいかない原因を整理すると、

■　特定した危険源を記入する欄が存在しない。

■　リスクの定義である『「危害の大きさ」と「発生確率」の組合せ』の意味合いが曖昧である。

■　リスクアセスメントが何を求めているかの理解が曖昧である。

ことに集約されます。

① 危険源を記入する欄と「危害の大きさ」

危険源とは、危害を引き起こす潜在的根源であり、危険源の種類ごとに類似する災害が発生することや、危害の大きさは（基本的に）危険源のエネルギーの大きさに依存することなどを解説（25ページ参照）しています。

危険源が存在しない記録シートでは、何（どの危険源）

これまでの誤解された記録シート

不要（対策は別の記録方法で）

危険性又は有害性と発生の恐れのある災害	リスクの見積り			リスク低減対策	対策後のリスク		
	重篤度	可能性	優先度		重篤度	可能性	優先度
包装材をセットする時に、作業服の筆記具で、不意にボタンを押して手がはさまれる。	×	△	Ⅲ	ボタンにカバーを取り付ける	○	○	Ⅰ

■ 対象となる危険源の特定がない
■ 気付いた災害を書いているだけ

■ 危険源が特定できていないのに、何を根拠に重篤度が決まるのか不明
■ 同様に何の可能性なのかも不明

■ はさまれる対象（の危険源）が変わらないのであれば、重篤度は変わらない

について見積るかが決まっていない、つまり、**議題のない会議を開いているようなものなので、**どのような災害が発生するのかも、どのような危害の大きさになるのかも、**決定できるはずがありません。**

②「発生確率」は何で判断？

作業を主人公とするリスクアセスメントにおける発生確率（130ページ参照）は、

■　第一に、危険源に対する安全防護の有効性（いわゆる

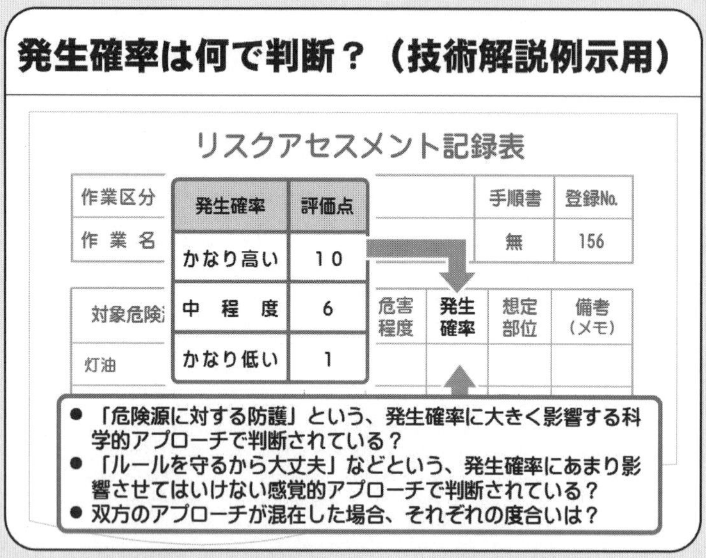

発生確率は何で判断？（技術解説例示用）

リスクアセスメント記録表

作業区分		手順書	登録No.
作 業 名		無	156

発生確率	評価点
かなり高い	10
中　程　度	6
かなり低い	1

対象危険	危害程度	発生確率	想定部位	備考（メモ）
灯油				

- 「危険源に対する防護」という、発生確率に大きく影響する科学的アプローチで判断されている？
- 「ルールを守るから大丈夫」などという、発生確率にあまり影響させてはいけない感覚的アプローチで判断されている？
- 双方のアプローチが混在した場合、それぞれの度合いは？

ハード対策）に大きく依存する。

■　第二に、安全防護が存在しない場合には、作業手順などにおける、人のエラーなどの発生しやすさに少なからず依存する。

と整理できます。

この際、注意すべき点は、**発生確率の大半は安全防護の有効性に依存**しており、人によるエラーなどの発生しやすさに注目しすぎないことです。

序章に掲げた表にある「災害の主原因は人である」とい

う感覚を、ついつい持ち出してしまう傾向があることを、常に意識する必要があります。

ところが、単に「発生確率」とし、防護装置の有効性の判定と、作業における人のエラーなどの発生しやすさの判定を、双方の区別なく同じ位置付けで基準化してしまうと、結果的に記録シートに書かれた数字は、どちらを強く意識して評価しているのか、わからなくなります。

③ リスクアセスメントの目的の再認識

これらの理解を前提に、一般的なリスク見積り基準と、リスク評価に至るプロセスを考えてみましょう。

はじめに、リスクとは、危険源ごとの「危害の大きさ」と「発生確率」の組合せで構成されていると解説（21ページ参照）しました。

つまり、

■　危害の大きさは大きくても、発生確率が小さい。

■　発生確率が高くても、危害の大きさが小さい。

いずれの場合にもリスクは小さいと判断されます。

次に、安全とは「許容できないリスクがないこと」であり、それは「残留リスクと共存」している状態であると解説（44ページ参照）しています。

リスクアセスメントで最も大切なことは、**管理すべきリスクを明確にすること**です。

このことを理解してリスクアセスメントを運用しているのであれば、どのような評価基準を採用していてもかまいません。

ところが、いろいろな書籍やインターネットサイトから見積り点数表を取り込み、それを吟味しないまま使用している事業場では、リスク見積りの本来の目的を失ってしまい、最終的に数字だけが一人歩きしてしまっていると感じます。

例えば、リスクアセスメントをリスクの大小を判定するためだけに利用していたり、対応策の優先順位を決めるために利用しているなど、本質と外れた理解で運用されているケースが挙げられます。

④ 複雑な手続きが目的を逸脱させる？

一般的なリスク見積り基準と、リスク評価に至るプロセスでは、「危害の大きさ」と「発生確率」を用いて、その結果を加算したり、乗算したりする（図中「判定値計算

リスク評価基準（技術解説例示用）

危害の大きさ	評価点
死亡 身体障害等級 1～3級	10
身体障害等級 4～14級	6
上記以外の骨折 その他のけが	3
ほぼ影響なし	1

判定値計算表		発生確率		
		10	6	1
危害の大きさ	10	20	16	11
	6	16	12	7
	3	13	9	4
	1	11	7	2

発生確率	評価点
かなり高い	10
中　程　度	6
かなり低い	1

判定値	判定結果
20	到底許容できない （作業中止）
16	重大な問題がある （優先的に対策）
12～15	問題がある （改善・重点管理）
7～11	多少の問題がある （教育が必要）
2～6	許容できる

- 複雑な手続きの末、結局、数区分にたどり着く。
- 危険源の防護状態や、作業の管理状態をわからなくし、数字だけが目に入りやすい。
- 「問題がある」という言葉が、「見つけた危険をなくす」の心を揺さぶる。…ｅｔｃ

表」）ことで、最終的な判定が行われます。

複雑な手続きを経ながら、最終的に許容できるか、できないかの**数ランクへ導かれ、**その**言葉だけが判断に用いられている**ことは少なくありません。せっかく危険源のエネルギーの大きさや、発生確率を吟味しておきながら、それらを**計算過程の一要素にしてしまっています。**

これにより、危険源の防護状態や、作業の管理状態をわからなくするだけでなく、**数字だけが目に入りやすい状態をも創り上げてしまい、「点数が下がらない」などの相談**

に結びついているのではないでしょうか。

また、「問題がある」などという表現が、これまでの「見つけた危険をなくす」という心を揺さぶり、管理者の「対策はしたのか」という言葉を生み出し、ついには「対策ができないところは見積り対象から外す」という本末転倒なことに結びついているとも感じます。

⑤ 本書で採用する評価シートと見積り基準

本書では、読者の事業場が、これからリスクアセスメントに取り組む場合や、今の仕組みを改善しようとする場合に、本来の目的を逸脱することなく、可能な限り簡便な方法を紹介する目的として、評価シートと見積り基準を例示しています。

■ 記録シートは①で解説した理由とともに、実際に記録する現場において、KYと誤解されないように、災害発生のシナリオである文章記述欄を削除（123ページ参照）しています。

■ 見積り基準は、②で解説した理由により、発生確率のうち、危険源の防護の有効性（工学的対策）に関する部分を、危害の大きさの要素である危険源側に、意図的

本書で採用するリスク見積り基準

危害の大きさ判定区分

危害の大きさ	評価点	
	防護なし	防護あり
死亡 身体障害等級 1～3級	A	a
身体障害等級 4～14級	B	b
上記以外の骨折 その他のけが	C	c
ほぼ影響なし（軽い打撲・痛み）	D	d

（縦軸：危害の大きさ　横軸：発生確率のうち工学的対策）

人への依存度判定区分

人への依存度	評価点
● 熟練が必要 ● かなり勘やコツが必要 ● やりにくい作業 ● 頻繁に作業の遂行が妨げられる	A
● 少し熟練が必要 ● 勘やコツが必要 ● 作業の遂行が妨げられることがある	B
● 短い期間の訓練で作業ができる ● 作業に専念できる	C

（縦軸：発生確率のうち人への依存）

に受け持たせています。本来は、発生確率を構成する要素ですから、誤解しないようにお願いします。

ただし、危険源に対する有効な防護が行われていても、大文字が小文字になるだけで、別の文字に置き換わらない点がキモとなっています。

「A」は有効な防護がある場合に「a」になるだけで、「b」や「c」に置き換えてはいけません。なぜなら、リスクの構成要素は危害の大きさと発生確率の組合せであり、防護は発生確率の低減に寄与するものの、危険源のエネルギーを下げてはおらず、危害の大きさは変化しない（149ページ参照）からです。

■　最終評価は「BA」「aB」など、単にアルファベット２文字で表現することで、危険源の防護状態や、作業との関わりも判断でき、そのままリスク評価にも該当することから、最終判定を行う手続きも削除しました。

なお、これにより③、④で解説した問題も解消されています。

「危険源の特定」の実際

危険源の特定に関する具体的な記入方法について解説します。

危険源を特定する際には、読者の事業場に即した、危険源リスト（98ページ参照）も併せて準備しましょう。

作業登録書に記載された作業（80ページ参照）ごとに、準備された記録シート（123ページ参照）を用いて、その作業で関わる危険源を特定（143ページ参照）します。

注意が必要なことは、危険源が**「ある」か「ない」かに徹すること**です。この際、**ガードや手すりなどの安全防護があるかどうかも関係ありません。**

安全防護がある場合の危険源

安全防護がある場合に、どこまでの危険源を記入すれば良いか、という相談があります。

少なくとも、カバーなどで覆われて全く見ることができない危険源は、一般の作業者から特定できませんから、除外してもかまいませんが、柵などが存在していても、**目視可能な危険源は対象**にしましょう。

ただし、後に解説する危険源マップ（153ページ参照）が作

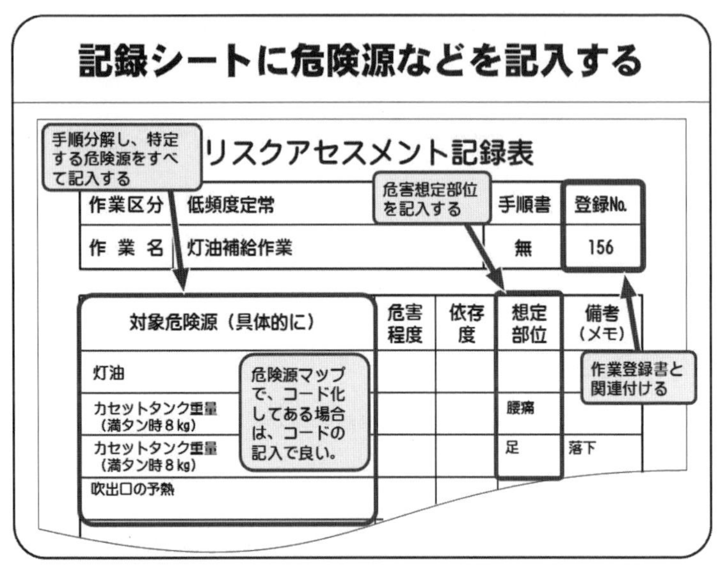

成されていれば、カバーなどで覆われて全く見ることができない危険源であっても、該当する危険源マップを参照して、すべて特定（記入）したほうが良いと思います。

一方、**保全担当者などの場合には、カバーで覆われていても、内部の危険源は必ず対象**にする必要があります。

例えば、

■ ファンヒーターを通常使用する一般作業者は、外装で覆われた内部の危険源は対象としなくても良い。

■ ファンヒーターの外装を外して保全する場合には、内部の危険源もすべて対象にする。

という整理の仕方を**事業場として取り決めて、運用すれば良い**でしょう。

なお、危険源マップで対象の危険源がコード化されている場合には、そのコードを記入するだけでかまいません。デジタル化の推進と併せて考えてみましょう。

以上が、リスクアセスメント指針の**「危険源の特定」に該当する作業**です。KYのような記述をしなければならないと思っている（た）読者には、拍子抜けされたかもしれませんが、危険源の特定とはこういうことです。

レアな作業は作業登録書に記載するときに

なお、作業登録書を記入するタイミングで、「そんな作業があったのか」というような、ほとんど知られていない**レアな非定常作業などが把握できた場合には、速やかに危険源の特定までを行いましょう。**

時間が経つと、「この作業は、はたして何のことだったのか？」ということになりかねません。もともとレアな作業なだけに、その時に危険源を特定し、記録しておかなければ、せっかく把握できたのに、忘れ去られてしまう恐れがあるからです。

「リスク見積り」の実際

評価シートに記録された**危険源ごとに、**本書の見積り基準（140ページ参照）を用いて、想定される「危害の大きさ」を**見積ります。**

繰り返しますが、ここで紹介する見積り基準は、読者の事業場が、これからリスクアセスメントに取り組む場合や、今の仕組みを改善しようとする場合に、本来の目的を逸脱することなく、可能な限り簡便な方法を紹介する目的としており、趣旨の逸脱さえなければ、これ以外の方法でもかまいません。

また、この方法を採用される場合には、必ず【技術解説】（134ページ参照）で述べた内容を理解された上で、経営者の責任で行ってください。

危害想定部位を明らかにし、科学的に

危害の大きさを見積るにあたっては、具体的な危害想定部位を明らかにし、可能な限り科学的な根拠を伴って、危険源のエネルギーの大きさなど（100ページ参照）に着目して行いましょう。

また、爆発や火災などを想定する場合には、「傷病の程

度」だけでなく「影響を受ける人数」なども考慮する必要があります。

なお、化学物質の場合には、必ずSDS（安全データシート／Safety Data Sheet）などにより確認しなければなりません。

「危害の大きさ」見積り具体例

ここでは、10畳程度の事務室において、ファンヒーターで暖をとりながら、伝票類の整理を行う、つまり、ファンヒーター関係以外に、特定すべき大きな危険源がなかった想定で、本書の見積り基準（140ページ参照）を用いてリスク見積りの演習をしてみましょう。

■ 炎は、大変高温なので火傷も被害程度が大きく、また、火災の発生も評価対象とし、被害程度を「b」にしました。

■ 吹出口から発生する熱による火傷は、体の一部に障害が残るほどには至らないと想定し、「C」としました。

■ 排気ガスの成分（CO、CO_2）によって引き起こされる中毒は、「A」としました。

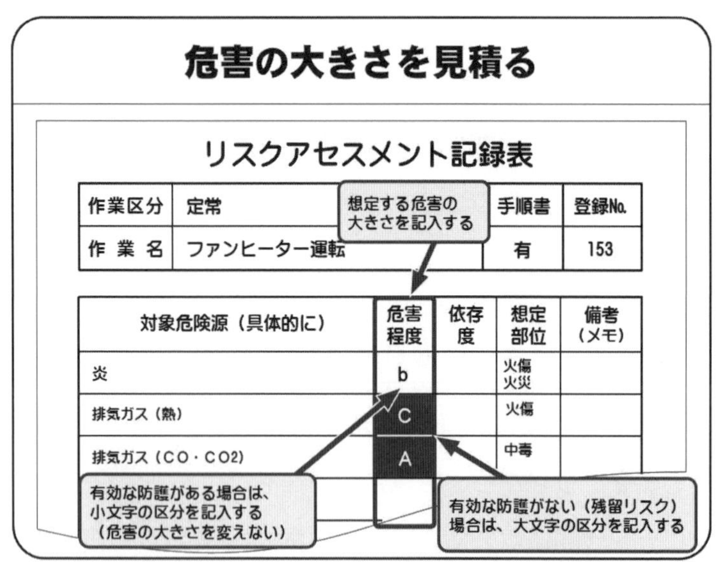

ここで重要な点は、特定した危険源のうち、

■　炎に関しては、ファンヒーターの外装が有効な防護を果たしているので、「防護あり」と認められ「b」（小文字のアルファベット）を採用

■　吹出口の熱や排気ガスの成分は、有効な防護も存在せず、ファンヒーターの残留リスクに該当するので、「防護なし」として「C」や「A」（大文字のアルファベット）

としていることです。残留リスクについては、「安全の定義（後編）」（41ページ参照）で確認してください。

なお、防護を理由に、危害の大きさを変更する事例を見かけますが、**防護とは発生確率に関わる要素であり、危害の大きさの低減には寄与しません。**ですから、**危害の大きさ判定は変更してはいけません。**

本書の見積り基準は、この誤解を解消するために、大文字を小文字に変更するだけ（140ページ参照）という方式を採用しています。

「人への依存度」見積り具体例

次に、人への依存度について検討をしましょう。

本書で紹介する手法では、少なくとも**危害の大きさ欄に大文字のアルファベットで記入されているものについては、人への依存度の記入を必須**としています。

なお、せっかくリスクアセスメントをするのですから、安全防護を無効化しない作業であっても、人への依存度を評価しておきましょう。その理由は、後に解説する行動目標の設定（202ページ参照）などの現場のコミュニケーションに利用できるからです。

■ この事業場（想定です）では、整理整頓が文化として定着し、ファンヒーターの置き場所についても検討されており、

人への依存度を見積る

リスクアセスメント記録表

作業区分	定常	手順書	登録No.
作 業 名	ファンヒーター運転	有	153

対象危険源（具体的に）	危害程度	依存度	想定部位	備考（メモ）
炎	b	-	火傷 火災	
排気ガス（熱）	C	C	火傷	
排気ガス（CO・CO2）	A	B	中毒	

危害の大きさ欄が大文字の場合には、人への依存度欄を必ず記入する

● 周辺の可燃物が、吹出口付近に落下して火災に結びつくなどの可能性は小さい。

● 事務作業とファンヒーターは直接的な関係もなく、不意の動作を行う可能性は小さい。

ことから、人への依存度は「C」と判定しました。

■ 排気ガスの成分は、1時間に1回の換気が強要され、定期的に作業が中断するため、一定程度の人への依存が発生するので、「B」と判定しました。

危険源への防護が存在しない場合の、人への依存度の判定に当たっては、安全の定義に立ち返り、**残留リスクを承知し、対応できる知識と行動を身につけて挑む**ことの実効性について、ある程度の理由をはっきりさせて決めることを心がけましょう。

例えば、換気が必要な暖房器具の使用において、「窓を開けて換気をします」と宣言した途端、寒さに弱い方々から「寒くなるからやめて」というような反応が示されることは、心当たりがあると思います。

窓を開けるために、定期的に作業の中断を強いられるということだけでなく、ルールの守りやすさや、人の心の作用などに加えて、読者の事業場におけるルール順守の文化定着度合いなども一定程度検討する必要があるでしょう。

気になる「対応策の検討」は、もう少し先で…

リスク見積りが終わると、対応策の検討が気になるところかもしれません。

リスクアセスメント指針でも、「調査」と「調査結果に基づく措置」を区別しているように、調べるプロセスと対応（対策など）するプロセスを明確に分離したほうが良いことは、「呪縛からの解放」（64ページ参照）でも解説しました。

このタイミングは、経営者や安全衛生部署が、きちんと意識していないと、いつの間にか、調べるプロセスが、「改善するために調べる」というニュアンスに変化し、ついには「危険探し、改善箇所探し」と逆転してしまいます。**真の対応策が検討できるよう、情報の整理を続けましょう。**

対応策の検討は総合的に

これまでの解説で、気付きがあったかもしれませんが、**いわゆるハード対策もソフト対策も、危険源に着目**して行わなければなりません。

後に「『評価に基づく』対応策の検討」の章（165ページ参照）で詳しく解説しますが、一つの危険源だけに着目（見つけた）して対応策を考えてしまうと、ほかの危険源に効果が

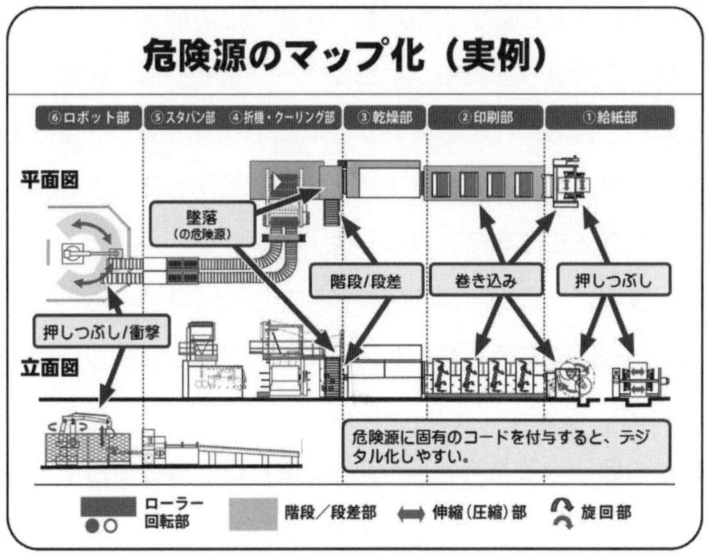

なかったり、守れないルールが設定されたりと、現実的でない対応となることが少なくありません。

リスクアセスメントを効果的に行うには、少なくとも次の二つの視点で情報を整理しましょう。

①「危険源マップ」を作成する

はじめに、特定された危険源は、作業エリアや使用する機械ごとに「危険源マップ」を作成することを検討します。

危険源マップは、いきなり確定版のようなイメージで作成する必要はありません。むしろ（各職場で）壁新聞のようなイメージで掲示する方式でも良いと思います。

リスク見積りが終わった記録シートをもとに、特定した危険源ごとに、危険源マップ上に記号（マーク）を付けるなど、事業場ごとに取り決めた方法で転記しましょう。

壁新聞形式にするメリットは、

■　職場で、危険源情報の共有ができる。

■　同一場所で行われる他の作業でのリスク見積りに使用（流用）できる。

などのほか、これまでKYなどに慣れてしまった方々に対して、危険源の理解促進をすることができたり、何より効果があると思われるのは、リスクアセスメントの意思表示、つまり、**組織的な運用が行われていることを表明することができる**ことでしょう。

なお、デジタル化の推進のためには、危険源ごとに固有のコードを付与し、危険源の特定時には、そのコードを記入（または選択）できるよう検討しましょう。

②　発生する作業と関わる危険源とを整理する

次に、機械設備（工場などの機械だけでなく、建設機械なども含まれます）などを使用する作業の場合、機械設備ごとに危険源と作業を整理しながら、見積り結果を整理で

作業と危険源の関わりとリスク見積り

ファンヒーターに関連する危険源

ファンヒーターに関連する作業

関わる作業	担当部署	炎（燃焼）	電気	熱	CO CO_2	灯油	重量
ファンヒーター運転（定常作業）	現場	c－	b－	BC	AB	□	□
灯油補給（低頻度定常作業）	現場 職制	??	bC	CC	??	CC	CC
エアクリーナー清掃（低頻度定常作業）	現場 職制	??	bC	CC	??	□	□
ファンヒーター移動（非定常作業）	保全	??	bC	CC	??	□	BB
センサー交換（非定常作業）	保全 特任	AB	BB	BB	??	CB	□

（電気の bC：コンセントの抜き差し　熱の CC：吹出口の予熱）

□ 関わらない危険源

■ 作業ごとに関わる危険源の見積り結果を一覧化する。
■ 表中、「??」としたのは、手順内容によって関わりが不明なため。
例えば、ファンヒーターを運転したまま灯油補給などの手順であれば、見積り対象となる。

きるような表を作成しましょう。

　例えば、ファンヒーターの場合、暖房としての通常用途での利用（定常作業）のほか、灯油の補給やエアクリーナー清掃など、定常作業より頻度は低いものの必ず生じる作業、センサー類の交換など、あらかじめ予定されていないが、ファンヒーターの生涯（購入から廃棄まで）の間に発生してくる（きた）非定常作業などの場合にそれぞれ関わる危険源を整理するというイメージです。

　デジタル化を検討（162ページ参照）するにあたっては、この点も考慮すると良いと思います。

機械設備を使用する作業では、それに存在する危険源に対して、様々な作業が関わっています。

同一機械を使用して、複数の定常作業（A製品とB製品を製造など）が存在し、それに伴って低頻度定常作業が存在します。さらに保全作業では、同一危険源に対して、定常作業とは異なる関わり方も存在するでしょう。

また、生産機械の機番や、作業場所ごとに整理することにより、同一機械なのに設置場所が異なることによって、保全担当者の関与（作業）の仕方が異なるというようなことも検証できます。例えば、設置場所が異なる機械は、周辺の機器類や通路などによって、同一機械であっても全く異なる作業を余儀なくされるケースがあり、それを科学的にとらえることが可能になります。これまで、作業を主人公とするリスク見積りを解説してきましたが、このような表が作成できると、危険源を主人公として、それぞれの作業がどのように関わってくるのかが把握できるようになり、少なくとも次の二つのことが達成可能になります。

a．実効性ある対応策が検討できる

一つ目は、対応策がより適切で実効性のあるものにできます。ある作業に対して有効な対応策であっても、他の作

業の際には役に立たない場合や、邪魔になって無効化されやすいなどということは、これまで、現場でよくあったことではないでしょうか。**危険源に関わってくる作業に何と何があるかを、あらかじめ整理**したうえで、その**いずれにも対応可能な策を総合的に検討すれば、より適切で実効性のある対応策とすることができます。**

b．作業改善の効果を見定めることができる

二つ目は、そうして総合的に対応策を講ずることで、**一つの対応策がどれだけの数の作業の改善につながるか、その効果を見定める**ことができます。多数の作業に関わる対応策であれば、優先順位を高めるべきと判断することもできるでしょう。

このようにリスクアセスメントの結果を危険源ごとに整理することで、**対応策の方法や優先順位の決定をより適切にでき、コスト最適化に結びつく**ことでしょう。

加えて、得られた結果は、製造業では生産技術部署や調達部署へ、建設業であれば設計や工事技術部署へフィードバックされるよう仕組みを構築すれば、**次の設備計画や工事計画に科学的なデータとして採用する**こともできます。

足りない情報を部署間で補い合う

読者の事業場では、リスクアセスメントの大半、またはほぼすべてを現場で行っていないでしょうか。

もし、それに当てはまるとすれば、それは正しい方策ではありません。誤解があるとすれば、リスクアセスメントがKYの延長となっていたり、または「災害防止は現場の活動」といった理解が根強いのかもしれません。

リスクアセスメントの実施時期

リスクアセスメント指針が、最優先に求めている実施時期とは、

ア　建設物を設置し、移転し、変更し、又は解体するとき。

イ　設備を新規に採用し、又は変更するとき。

ウ　原材料を新規に採用し、又は変更するとき。

エ　作業方法又は作業手順を新規に採用し、又は変更するとき。

であり、新規設備導入前などのタイミング、**正確には、**製造業などであれば**計画策定時や、**建設業などであれば**設計や施工検討時**などを指しています。

あえて「正確には」と繰り返したのは、いまだにいくつ

かの製造業では、「新規設備導入前＝設備が設置されて生産を開始する前」という誤解があるからです。この段階ではすでに設備などが導入されてしまっており、リスクアセスメント指針が要求しているタイミングではありません。

ア～エの「新規」のタイミングに対応するためには、計画部署や生産技術部署などが中心になり、現場の情報を得ながらリスクアセスメントが行われることが適当です。生産技術部署が存在しない場合には、機械メーカーに対して情報を要求することも考えてください。

また、これまで解説してきた現場におけるリスクアセスメントでも、危害の大きさを科学的に求めるためには、計画部署や生産技術部署などに情報を求めることが必要です。

互いの情報を交換できるプラットフォーム作り

ここで大切なことは、生産技術部署や計画部署などは、機械や設備を主人公としてリスクアセスメントを行うための危険源に関する情報を持つことができ、現場では作業を主人公としてリスクアセスメントを行うための、個別の作業ごとの危険源との関わり情報を持っています。

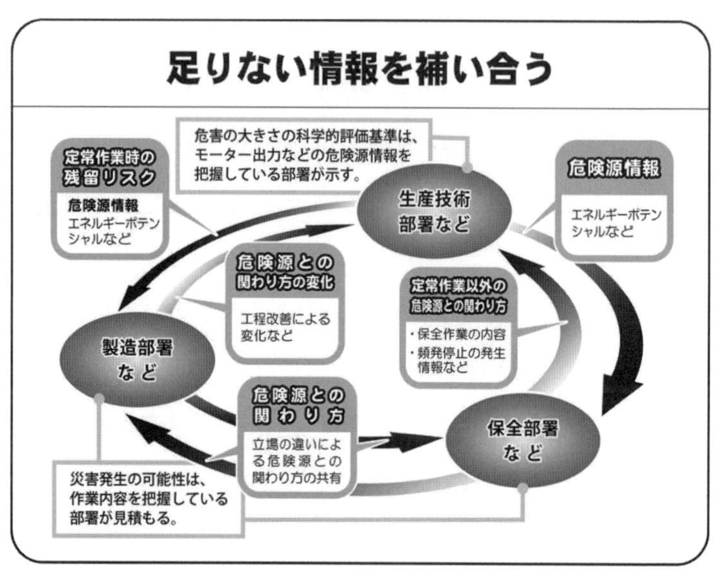

それぞれの情報を共通のプラットフォームで補い合うことができれば、リスクアセスメントをより効率的、効果的にすることができ、かつ実効性が高まるということです。

生産技術部署などでは、モーターなど原動機の出力から、各動作部分となる危険源のエネルギーを算出することができます。

新規設備導入時には、危険源の箇所やエネルギーの大きさなどの科学的根拠（146ページ参照）を伴ってリスク見積りが可能ですし、危険源マップ（153ページ参照）などが作成されれば、製造部署や保全担当部署では危険源の特定を改めて行う必要がなくなります。

一方、現場は日々の作業を通じて危険源と関わっています。保全作業などで行われる非定常作業などは、新規設備導入時に行うリスクアセスメントでは想定できない危険源との関わり方も存在することでしょう。

それを生産技術部署や計画部署にフィードバックすることで、次の新規設備導入時や、新工法検討時のリスクアセスメントに活用できるはずです。

このような観点からも、互いに足りない情報を補い合うような連携が必要で、共通のプラットフォームを構築（226ページ参照）できるよう仕組みを整えることを考えましょう。

デジタル化の推進

リスクアセスメントは、危険源と作業の関わり調査であると解説（72ページ参照）しました。

当然ですが、事業活動に伴う業務は変動しますし、新たな作業、新たな危険源が抽出されることも稀ではありません。

ダイナミックな変化を続ける内容に対して、これまで解説してきた業務日報、作業登録書（80ページ参照）、危険源リスト（97ページ参照）、危険源マップ（153ページ参照）、記録シート（123ページ参照）などが紙ベースでは、変化に追従できないばかりか、情報の共有などの視点でも適当ではありません。

この機会に、デジタル化することを強く奨めます。

作業登録書のデジタル化と業務日報との連携

作業登録書に登録された作業を業務日報で選択できるようにデジタル化します。登録されていない作業は、選択ができませんから、まず、作業登録データベースに登録した後、業務日報で選択するようにします。

作業者の業務把握を電子化できると共に、新たな作業が無理なく自然に、かつ、必然的にデータベース化されるス

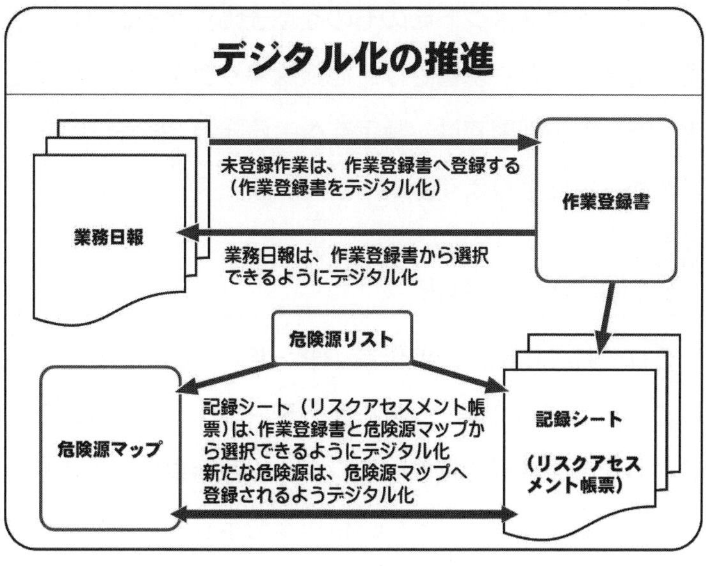

タイルを作り上げます。

記録シートと危険源マップとの連携

　リスクアセスメントでは、作業登録書に登録された作業ごとに、記録シートを作成するわけですから、関係する危険源と関連付けできるようにすれば、「危険源の特定」が完了します。

　危険源マップに登録されていない危険源がある場合には、まず、危険源マップに登録した後、記録シートで選択するようにします。

リスクアセスメントそのものを電子化できると共に、生産技術部署や発注部署では、危険源マップを容易に参照でき、安全衛生部署では、特定すべき危険源（98ページ参照）の管理が容易になります。

デジタル化の発展形

それぞれの作業が単位作業（86ページ参照）の組合せで成立しているのであれば、単位作業をデータベース化することによって、手順書の作成やデジタル化が容易になります。

特に、ある作業が、どの単位作業の組立てにより構成されるのかという把握も可能となり、単位作業に必要な管理方法の確立などにも流用できるでしょう。

第4章

「評価に基づく」対応策の検討

リスクアセスメント指針では、調査を行い、評価をし、その結果に基づいて対応策を検討し、実施することと規定しています。

この章では、評価に基づく対応策の検討と措置の考え方について、解説を進めていきます。

リスクバランス
～リスク評価と経営～

リスク見積りが行われると、その結果だけを元にした対応策の検討が、その都度行われていることがあります。

リスク見積りの次には、見積られたリスクに対する評価が必要です。

この節では、リスク評価の考え方について解説を進めていきます。

残留リスクは許容できるか

安全に対する対応策とは、「何からのリスク低減をしたからおしまい」ではなく、**残留リスクと共存することを考えるまでがセット**（44ページ参照）であると、「安全の定義」の節で解説しました。

リスク見積りは危険源ごとに行いましたが、リスク評価の段階では、単に危険源に対する評価だけにとどまらず、残留リスクが許容できるか否かについても、判断しなければなりません。

例えば、ファンヒーターの残留リスクに対する対応策には、

■　人や燃えやすい物は、吹出口付近から一定の距離を取る。

■　１時間に１回程度窓を開けて換気をする。

などがありました。

この残留リスクに対する対応策が実現可能かどうかの判断も行う必要があります。

例えば、窓のない倉庫で「窓を開けて換気」など、到底実現できないでしょうし、他の業務との関係（151ページ参照）などによっても、実現性は大きく異なります。

他のリスクとの比較

また、事業の存続に関わるリスクとの比較をする場面もあります。

例えば、食料品製造業では、商品が消費者に渡ったときに、消費者が受ける危害（食中毒など）に対するリスクにも配慮をしなければいけません。このため、１日に１回以上、床面などを水洗清掃するケースが多くあり、濡れた床面での転倒災害は、全災害のうち、大きな割合を占めているという事実もあります。

このように、判断対象によっては、最終的に消費者に大きなリスクを負わせることにならないよう、たとえ労働者のリスクが高まるとしても、受諾せざるを得ないという経営上の判断が必要となる場合が生じてきます。

ここで理解していただきたいことは、**リスクは受諾したり比較したりするもの**でもあり、比較する対象には、現場での安全だけでなく、品質（結果として消費者側の安全）なども含まれてくるということです。

もちろん、比較する対象が競合した場合には、安全に関することを最優先（安全第一）にすることを忘れてはなりません。

この概念を理解していただくと、見積り結果ごとに対応策を検討することは、適当でない場合が多いことが理解できると思います。

見積り結果ごとに対応策欄がある記録シートは、対応策欄を削除したほうが良い（121ページ参照）と解説した理由は、このような意味もあるからです。

対応策検討順序の考え方

リスクアセスメント指針では、対応策（指針では「リスク低減措置の検討及び実施」）の検討順位が、次のように示されています。

ア　危険な作業の廃止・変更等、設計や計画の段階から労働者の就業に係る危険性又は有害性を除去又は低減する措置

イ　インターロック、局所排気装置等の設置等の工学的対策

ウ　マニュアルの整備等の管理的対策

エ　個人用保護具の使用

もちろん、検討順序より前に、法令に規定があれば、その規定どおり対応する必要があることは、いうまでもありません。

対応策の検討も災害発生のシナリオの順に

リスクアセスメントは、災害発生のシナリオに沿って構成されている（34ページ参照）と解説しました。危害は、危険源（のエネルギーなど）によって引き起こされます。ですから、対応策の検討も、危険源に着目して行わなければなりません。

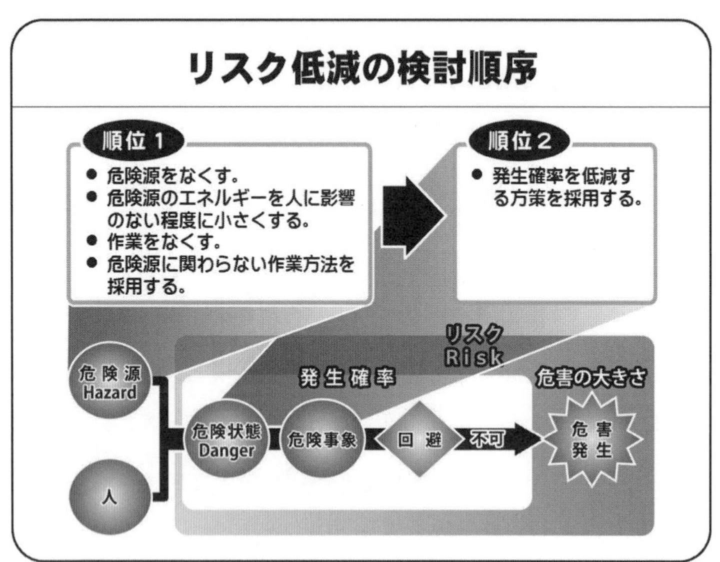

これに関連して、対応策の検討順位も、災害発生のシナリオに沿って構成されています。

指針のア、対応策の検討順位の第一として、本質安全化を検討します。本質安全化とは、

■　危険源をなくす、または、エネルギーなどを小さくするなど、機械設備や道具などの危険源そのものをなくすか、エネルギーなどを小さくする。(172ページ参照)

■　危険源に関わる作業をなくす、または、危険源に関わらない作業方法を採用する。(179ページ参照)

など、いずれも災害発生のシナリオの根本である、「危険

源そのもの」、または「作業そのもの」に対する検討を求めています。

次に、指針のイでは、危険源をなくすことができない場合に、発生確率を構成する要素に目を向け、

- ■　防護柵など、人が危険源の影響範囲に立ち入ること自体を物理的に防ぐ方法（危険源と人の隔離方策）
- ■　光線式安全装置など、人が危険源の影響範囲に近づくこと自体は許可しつつ、人が危険源の影響範囲に立ち入った際に危険源を無効にするなどの方法

のいずれかを求めています。（188ページ参照）

指針のウとエは、これらがいずれも実現できない場合に、いわゆるソフト対策としての対応を考えようとするものです。（195ページ参照）

これから解説を進めていきますが、**災害発生のシナリオに沿って上流の対応策を採用したほうが、確実であり、効果が高い**ことは間違いありません。

一つの危険源に目を奪われることなく、これまでの解説で**作成された帳票類を使いこなし**て、安全に対する**コスト最適化を目指しましょう。**

その危険源は必要か
～対策検討順序①a～

対応策の検討順位の第一のうち、危険源をなくす、または、エネルギーなどを小さくすることを解説します。

その危険源は必要か

はじめに、「危険源をなくす」について考えてみましょう。ここで大切なことは、**「その危険源は必要か」という視点を持つこと**です。

例えば、ファンヒーターの残留リスクには、「熱」と「（有害な）ガス」（41ページ参照）がありました。この残留リスクのうち、「（有害な）ガス」は、「化石燃料を室内で燃焼させる」ことに由来しています。

この危険源をなくすためには、「室内で燃焼」を除去すれば良いわけで、

■　屋外排気型のファンヒーターを採用する。

■　エアコンを採用する。

■　暖房をやめて、重ね着で我慢する。

などの方法が考えられるでしょう。

なお、危険源をなくすと、それに付随していた「定期的

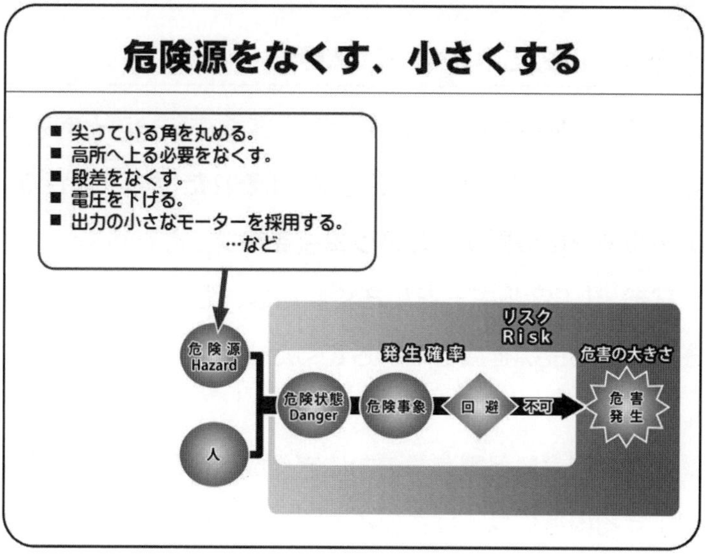

危険源をなくす、小さくする

■ 尖っている角を丸める。
■ 高所へ上る必要をなくす。
■ 段差をなくす。
■ 電圧を下げる。
■ 出力の小さなモーターを採用する。
…など

危険源 Hazard
人
リスク Risk
発生確率
危害の大きさ
危険状態 Danger
危険事象
回避
不可
危害発生

に窓を開ける」というルール順守からも解放されます。

産業現場における具体的な内容では、

■ 押しつぶしの危険源では、すき間が8㎜より広くならない、または500㎜より狭くならない（はさまる要素がない）。
■ 回転軸を滑らかにして、巻き込まれる要素をなくす。
■ 尖っている角を丸める。
■ 高所へ上る必要をなくす。
■ 段差をなくす。

などがあります。

それだけのエネルギーは必要か

次に、「危険源のエネルギーを小さくする」ことを考えてみます。ここで大切なことは、**「それだけの（大きな）エネルギーは必要か」という視点を持つ**ことです。

なお、「エネルギーを小さく」とは、危険源としてみなさなくても良い程度と理解してください。

例えば、食料品製造業のおにぎり成型機など、食料品を加工する機械には、はさまれると指が切断する規模のエネルギーを持つ機械が多くあります。

そもそも「おにぎり」とは、人の力程度があれば加工可能であるはずで、それ以上のエネルギーは危害を大きくすることにしか作用していないのでは、と感じます。

製造業以外でも多用されるコンベアでは、**搬送する対象物の重量に見合わない大出力のものが採用されている**ケースも少なくありません。

大出力のモーターなどを採用する理由は、

■　そもそも出力について吟味されていない。

■　設備内に多少のトラブルがあっても、大出力の力で押し切ってしまおうとする意図。

のいずれかに集約されます。

「出力の小さいモーターでは、速度が遅くて製造に不向き」という意見もあります。確かに、食料品製造業などの時間あたり生産数（設備の回転数）が非常に多い（大きい）環境などでは、実現できない場合もあるでしょう。しかし、反対に、生産間隔が30秒に1個程度の現場では、

■（大きな出力で）5秒で搬送して25秒待つ。

■（小さな出力で）25秒で搬送して5秒待つ。

ことは同じことでしょう。

危険源のエネルギーが小さいと防護不要に

大出力のモーターを使用すると、防護柵などの設備が必要になります。

防護柵を設置すれば、防護柵内に立ち入る場合には、機械設備を停止しなければならなくなり、機械設備を停止させると、起動するまでの手間がかかります。

エネルギーの大きな危険源の採用が、トータルとして作業効率を低下させているのかもしれません。

出力を小さくすることは、防護柵や光線式安全装置などを不要にできる場合があり、それに関連する保守点検から

「危険源をなくす」と作業との関係

ファンヒーターに関連する危険源 / ファンヒーターに関連する作業

関わる作業	担当部署	炎（燃焼）	電気	熱	CO CO_2	灯油	重量
ファンヒーター運転（定常作業）	現場	c -	b -	BC	AB	□	□
灯油補給（低頻度定常作業）	現場 職制	??	bC	CC	??	CC	CC
エアクリーナー清掃（低頻度定常作業）	現場 職制	??	bC	CC	??	□	□
ファンヒーター移動（非定常作業）	保全	??	bC	CC	??	□	BB
センサー交換（非定常作業）	保全 特任	AB	BB	BB	??	CB	□

（電気 bC：コンセントの抜き差し　熱 CC：吹出口の予熱）

危険源がなくなると、その危険源に関して、関連するすべての作業のリスク管理を解放できる。

「なくす」対象とならない危険源によるリスクは、そのまま残る。

管理者を解放させることにも結びつきます。

安全だけでなくイニシャルコスト、ランニングコスト、品質、生産性、省エネルギーを促進することによる、**二酸化炭素削減**などにも寄与します。

危険源をなくすことや、エネルギーを小さくすることは、それに関連する作業すべてのリスク管理を解放します。**災害発生のシナリオの上流での措置は、効果が大きい**ことが理解できると思います。

なお、**「なくす」対象とならない危険源によるリスクは、そのまま残る**ことに注意してください。

危険源対策は、計画時に行う

危険源をなくすことや、エネルギーを小さくすることは、本書で解説した**特定すべき危険源**（104ページ参照）**に該当しないような措置**（人への危害の大きさが、無視できる程度に小さい）**を講じるということを指しており、実際の生産現場や、建設現場では実行不可能なケースが圧倒的に多い**ことでしょう。

ですから、リスクアセスメントは、現場だけが主体となって行うものではなく、新規設備導入前や計画策定時に適切に行われるべきもの（157ページ参照）なのです。

化学物質は既知の物質を正しく使用する

有機溶剤などの「物質の危険源」では、第一種有機溶剤を第三種有機溶剤に変更したり、規制対象外の有機溶剤などに変更したことによって、「危険源がなくなった」とか「（ある種の）エネルギーが小さくなった」と受け止められるケースがありますが、きちんとSDSを参照して、適切に判断する必要があります。

特に、規制対象外の有機溶剤などは、規制がされていないだけで、危険源が小さくなったかどうかはわかりませんので注意が必要です。

規制対象外の有機溶剤などを採用するのは、リスクアセスメントの実施義務を回避するためであることも見受けられますが、そもそも有害性などがはっきりしない物質を採用するより、（リスクアセスメント対象の）危険性や有害性が明らかになった物質を、それに応じて適切に利用したほうが、リスク管理上は正しいことを理解する必要があります。

その作業は必要か
～対策検討順序①b～

対応策の検討順位の第一のうち、危険源に関わる作業をなくす、または、危険源に関わらない作業方法を採用することについて解説します。

前節で解説した、「危険源そのもの」に対する措置と違い、こちらの対応策は**現場サイドのみでも検討が可能**なことが多くあります。

先進技術の活用

建設業などでは、ドローンの登場により、測量や既存のビルの外壁調査の工程が大きく変化しました。作業そのものが廃止されることで、それに関わる危険源がすべてなくなり、安全性だけでなく生産性にも大きく寄与したことでしょう。（安全性の比較には、ドローン採用によるリスクアセスメント結果との対比が必要です。）

先進技術の導入による効果は、興味を引きますし、何より、目に見えるのでわかりやすいと思います。

また、コストを比較するのも、工期や足場などの仮設費用の積算を行うことで可視化できることでしょう。

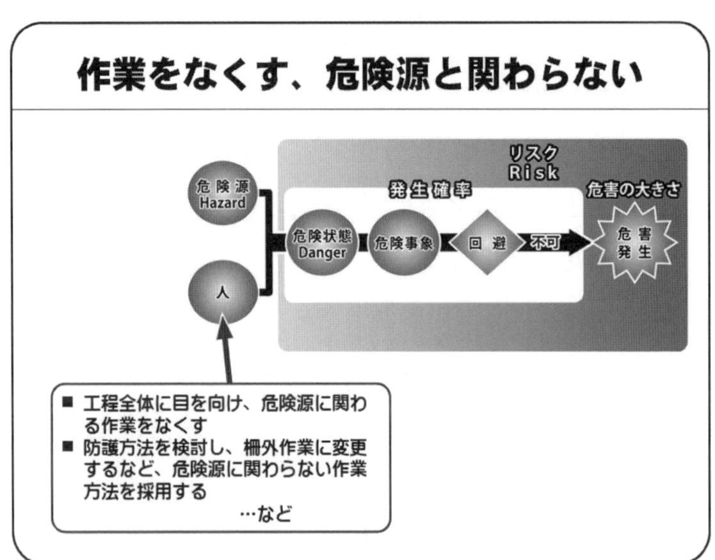

本書で解説を行うものは、このような視点ではなく、**これまで「あたりまえ」と思われていた作業を、リスクアセスメントで得られた情報を活用し、安全のコスト最適化を目指そう**というものです。

なぜその作業が必要か

はじめに、**「作業そのもの」をなくす検討方法について考えて**みます。ある一つの手順の中で行われる行為を、単になくすという趣旨ではなく、作業登録書（80ページ参照）や作業手順書、工程を整理した表などを使って、総合的に検討する、ということです。

ここで大切なことは、**「なぜその作業が必要か」という視点を持つ**ことです。

例えば、料理のカレーで使った皿は、油や香辛料などの頑固な汚れが付き、できれば食事後早いうちに洗いたいものです。加えて、カレーと一緒にパンを食べた場合などでは、カレーに使用した皿と、パンに使用した皿を重ねてしまうと、双方をカレーに使用した皿として洗わなければなりません。（作業量の増加）

この問題が発生してくるのは、カレー皿の洗浄工程ではなく、前工程の影響を受けているわけです。

このような見方、考え方で、いくつかの事例を紹介しながら考えてみましょう

「チョコ停」や「頻発停止」復旧も作業だ

一つ目の事例は、製造業などで言われる、「チョコ停」や「頻発停止」などに着目します。そもそも、「チョコ停」や「頻発停止」という作業は、計画段階で予想していない（かった）作業が含まれていると思います。

このような作業は、**防護のない危険源に接近して行われ**

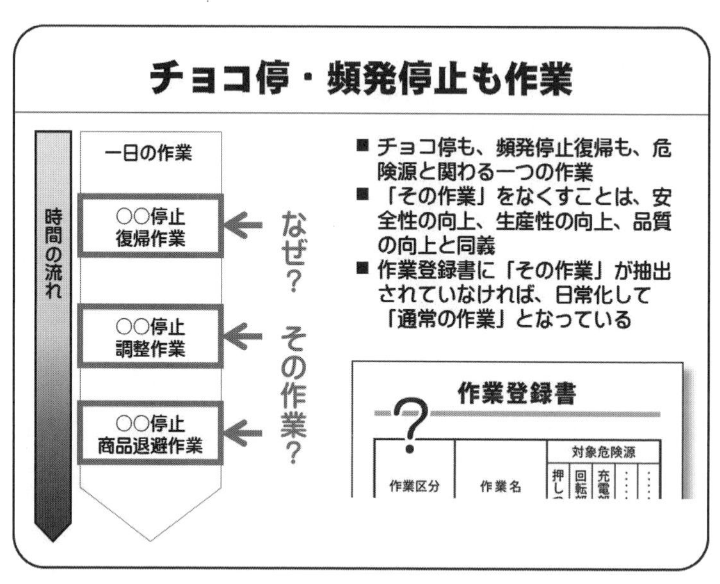

ることも多く、実際に発生する災害は相当数あります。

また、これらは、**いつの間にか「定常作業」のように取扱われている**ことも少なくありません。このため、作業登録書にこれらの作業が抽出されてこない、すなわち、**作業把握ができないという問題**（83ページ参照）もあります。

「その日の生産数をクリアするために、少々アクロバット的な作業も致し方ない」ではなく、**「その作業が存在するから、生産数を安定してクリアできない」と発想を転換**し、生産技術部署などと一緒に検討しましょう。

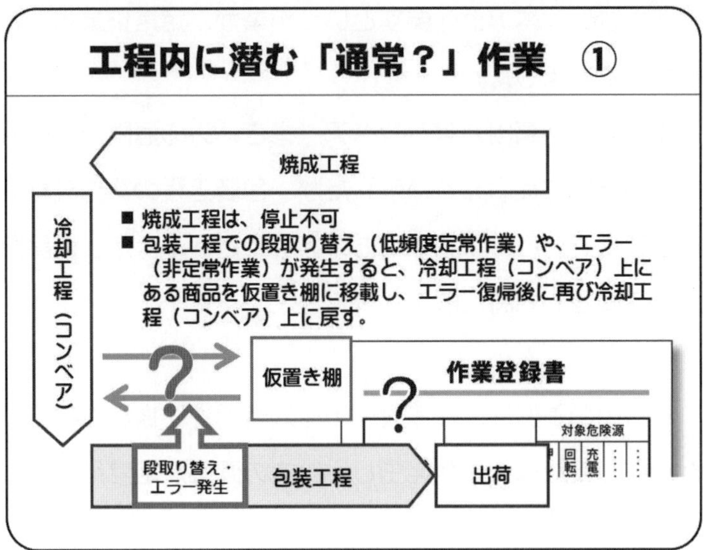

工程内に潜む「通常？」作業

二つ目の事例は、別工程の作業の影響を受け、本来であれば、「非定常作業」で扱われる作業が定常作業化しているケースです。

食料品製造業のパン焼成工程から冷却工程（自然冷却）を経て包装工程に至るラインで、基本的に停止できない焼成工程と、段取り替えやエラーが発生しやすい包装工程間にある冷却工程の作業者は、包装工程が停止する都度、コンベアから溢れた商品を仮置き棚に移載し、包装工程復帰後に再びコンベア上へ戻すという作業が、定常作業化して行われていました。

作業者は、高出力なコンベア（巻き込みの危険源）に近接する作業に従事していましたが、包装工程の業務改善を行うことで、この作業そのものを廃止でき、また、食品衛生上の問題も同時に解決しました。

三つ目の事例は、製造設備の導入時期や仕様が異なることから、新たな作業が発生し、いつの間にか定常作業化している（た）パターンです。

シュークリームの製造ラインでは、焼成工程に導入された連続焼成炉と餡注入工程に導入された餡注入機の導入時期と仕様が異なり、連続焼成炉は商品が４列に並び、餡注入機は５列に並ぶ構造でした。

このため、連続焼成炉から４列で送り出された商品を、冷却工程のコンベア上へ、検品を兼ねて５列にして移載する作業が定常作業として発生していました。

実際には、検品作業より４列を５列にする作業がメインとなっており、生産数とロス発生数の調査も併せて依頼したところ、移載時に発生するロスが相当数あることが明らかになりました。

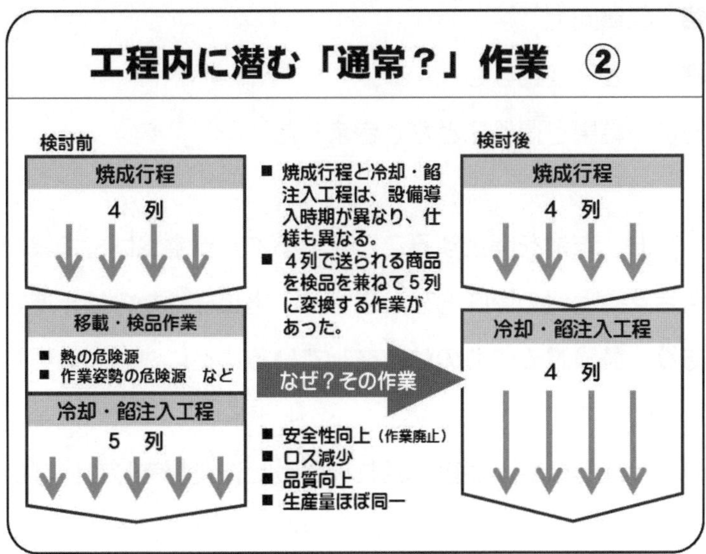

このケースでの問題点は、餡注入機が5列仕様で、4列より5列のほうが効率が高いという思い込みによるものが大きかったことでしょう。

リスクアセスメントで得られた結果に加え、生産数とロス発生数の調査結果を元にして、あえて餡注入機を4列化したところ、

■　安全性の向上（作業者が曝されていた、焼成炉の熱、焼き上がった商品の熱、高出力なコンベアの巻き込みの危険源などからの解放）

■　ロスの低減（移載作業の廃止）

■　品質向上

■　生産性変化なし

という結果を得ることができました。

なお、作業を廃止することによる本質安全化は、作業が復活すると何の意味もなしません。**廃止されたのは作業であり、危険源そのものは存在している**ことに注意が必要です。

新たな作業や、調査しきれなかった作業が生じていないかを、常に把握できる仕組みが機能し続けている状態とセットで運用されなければなりません。

その作業方法しかできないのか

次に、**危険源に関わらない作業方法を採用する**ことについて考えてみます。

まず注意することは、「作業手順の変更などによって、危険源に関わらない作業方法」とは、作業手順書を作成するということではなく、危険源に接近して作業を行う必要をなくすというような意味であり、検討順位の第三にある「管理的対策」と混同しないことです。

ここで大切なことは、**「その作業方法しかできないのか」**

という視点を持つことです。

例えば、ファンヒーターの外装は、残留リスクである「熱」と「(有害な) ガス」以外の、ほぼすべての危険源について、網羅的にカバーされています。エアクリーナーの掃除も、カバーが付いたまま行うことができます。

ところが、産業用機械では、メンテナンスや調整作業のような低頻度定常作業であっても、カバーを取り外したり、防護柵内に立ち入らないと達成できないような構造になっていることが少なくありません。

なぜ、**あらかじめ想定されている作業なのに、カバーを取り外したり、防護柵内に立ち入らなければ達成できないのでしょうか。**

低頻度定常作業などの場合に、それらを機外 (防護の外) から行えるような策を考えることで、危険源の影響を受けないようにすることができます。

具体的には、次の節で解説します。

発生確率を下げる
～対策検討順序②～

危険源や作業をなくすことは、事故・災害防止を検討する際に最も優先して考えることですが、このような対応ができる場合は、かなり限定的でしょう。

例えば、動力プレスなどでは、圧縮圧力を必要とする機械設備ですから、その危険源をなくしたり、エネルギーを小さくすることは、本来の必要とする機能をなくすことになってしまい、当然、理にかなうはずがありません。

建設現場で行われる高所作業も、計画段階で排除されない限り、現場での対応はできません。

このような場合には、危険源と作業の関わりを受け入れた状態で、事故の発生確率を低減させる方策、つまり、「工学的対策」を検討することになります。

保護方策と災害発生のシナリオ

リスクアセスメント指針では、対策検討順序①が行えない場合の、次の検討順位として『危険源に対し、ガード、インターロック、安全装置、局所排気装置の設置等の措置を実施するもの』とあります。

危険源をなくすことができない場合には、発生確率を構

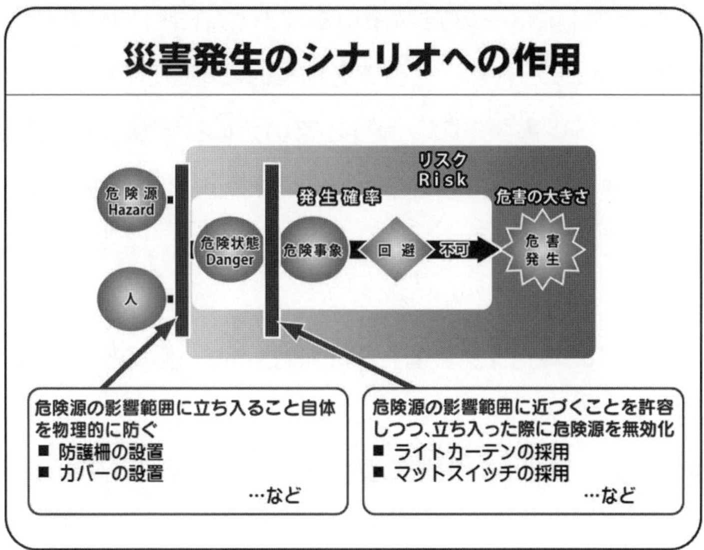

成する要素に目を向けることを考える、ということです。

発生確率を構成する要素（128ページ参照）とは、

■ 危険状態が発生する確率

■ そのうちで危険事象が発生する確率

でした。

例えば、産業用ロボットへの接触防止の方策として、「防護柵」と「光線式安全装置」があります。これらはともに工学的対策ですが、災害発生のシナリオへの関わり方が異なります。

「防護柵」は、人が産業用ロボットという「危険源」の影響範囲に立ち入ること自体を物理的に防いでいます。

つまり、災害発生のシナリオでいえば、人が「危険源」へ近づかないようにすることで「危険状態」の発生を防いでいることになります。

一方、「光線式安全装置」（などのセンサー類の使用）は、産業用ロボットに人が近づくこと自体は許可しているのですが、人が立ち入った際に安全信号の発信を遮断することで、ただちに産業用ロボットを停止させる効果を発揮します。

つまり、災害発生のシナリオでいえば、「危険状態」の発生は許容し、「危険事象」が発生することを防いでいることになります。

これらはいずれも、「危険状態」や「危険事象」が発生する確率を「低減」しているにすぎず、「危害」の程度の低減には寄与していません。

例えば、人が柵を乗り越えて「危険状態」が成立してしまった場合や、安全装置の無効化で「危険事象」が成立してしまった場合には、「防護柵」や「光線式安全装置」は、危害の大きさを抑える効果は全くない、ということです。

工学的対策を行うことで、リスク見積りの「危害の大きさ」を変更できないと解説（140ページ参照）したのは、このような理由があるからです。

工学的対策の検討には情報整理が重要

工学的対策の検討をする場合に、注意することをいくつか紹介します。

大前提として、**リスクアセスメントによって整理された情報を、危険源や作業をなくす場合の検討より、もっと広く活用する必要**があります。

一つのリスク見積り結果に目を奪われて防護柵などを設置してしまうと、邪魔になって取り外されてしまったり、あるいは取り外しやすいように改造されることにつながります。

機械設備ごとに整理された危険源マップや、危険源と作業の関わりを整理した表（154ページ参照）を参照しながら、検討を進めましょう。

防護柵などの設置を検討する場合には、それが設置されることによって、影響を受ける作業を抽出し、調整ハンド

関わる作業	担当部署	炎（燃焼）	電気	熱	CO CO_2	灯油	重量
ファンヒーター運転（定常作業）	現場	c -	b -	BC			
灯油補給（低頻度定常作業）	現場 職制	??	bC	CC			
エアクリーナー清掃（低頻度定常作業）	現場 職制	??	bC	CC	??	□	□
ファンヒーター移動（非定常作業）	保全	??	bC	CC	??	□	BB
センサー交換（非定常作業）	保全 特任	AB	BB	BB	??	CB	□

ルを延長したり、防護柵に小窓を付けるなどにより、機外（柵外）やカバーを付けたまま作業が行えるよう検討しましょう。

なお、**防護柵などの設置によって効果が及ばない危険源によるリスクは、そのまま残る**ことに注意してください。

電気的な制御での注意点

電気的な制御を行う場合には、安全確認型の制御を行いましょう。

例えば、ワーク通過確認用の光線式検出装置を人の検出

インターロックはどこまで作用する？

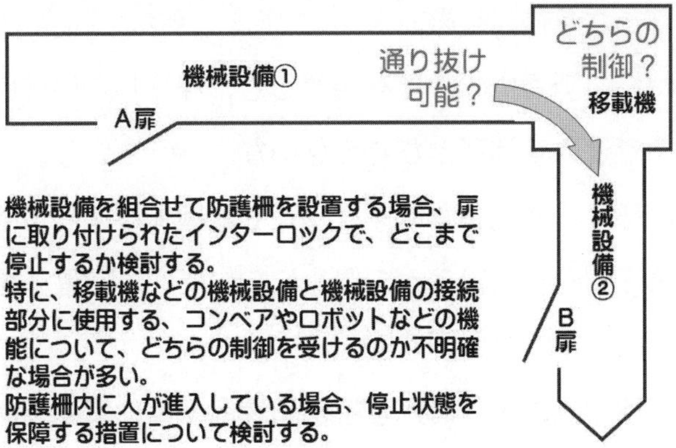

機械設備①
A扉
通り抜け
可能？
どちらの
制御？
移載機
機械設備②
B扉

- 機械設備を組合せて防護柵を設置する場合、扉に取り付けられたインターロックで、どこまで停止するか検討する。
  特に、移載機などの機械設備と機械設備の接続部分に使用する、コンベアやロボットなどの機能について、どちらの制御を受けるのか不明確な場合が多い。
- 防護柵内に人が進入している場合、停止状態を保障する措置について検討する。

用に設置しているケースを見かけますが、ワーク用の装置では、人体を検出する効果は十分ではありません。

また、人の検出用の光線式安全装置であっても、安全確認型と危険検出型では、効果が大きく異なります。

詳しくは、「安全確認型の制御」の節（209ページ参照）で解説します。

防護柵などの設置と電気的な制御を併用する場合には、これまで解説した内容に加えて、次のことも検討しましょう。

■　機械設備を組み合わせて防護柵を設置する場合、扉に取り付けられたインターロックで、どこまでの範囲が停止するかを検討する。

特に、防護柵の内部を通過して、停止していないエリアまで進入することができないか。

同様に、機械装置は停止しても、機械設備同士を接続する役割の移載機などの停止について、不明確な場合が多いので注意が必要です。

■　防護柵内に人が進入している場合、停止状態を保障する措置について検討する。

制御盤に「札掛け」をする方法などは、設備的な対策にはなりません。ロックアウトなどを検討するようにしましょう。

管理的対策には「管理」が必要 ～対策検討順序③～

管理的対策とは、単に手順書やルールを作成することではありません。

職制（管理者）は、リスクアセスメントを通じて把握した残留リスクなどについて、ルールなどの現実化防止策を**「決める責任」と「守らせる管理監督責任」が生じ、作業者にも「決められたことを遂行する責任（自身を守る権利）」があります。**

つまり、リスクアセスメントによって合理的に明らかとなった「管理すべき対象」に対し、**職制（管理者）が管理すべきことを明確に決め、それを徹底するという意味**があるからこそ、「管理的対策」というわけです。

管理的対策でリスク見積りは変えられない

管理的対策を採用するケースは、大まかに次のケースに該当する場合です。

- 本質安全化や工学的対策などのリスク低減が実施できない場合
- リスク低減を行った後に、残留しているリスク
- 包丁やカッターナイフ、ハンマーなど、リスク低減が

管理的対策の検討が必要な見積り結果

関わる作業	担当部署	ファンヒーターに関連する危険源					
		炎（燃焼）	電気	熱	CO CO_2	灯油	重量
ファンヒーター運転（定常作業）	現場	c－	b－	BC	AB	□	□
灯油補給（低頻度定常作業）	現場 職制	？？	bC	CC	？？	CC	CC
エアクリーナー清掃（低頻度定常作業）	現場 職制	？？	bC	CC	？？	□	□
ファンヒーター移動（非定常作業）	保全	？？	bC	CC	？？	□	BB
センサー交換（非定常作業）	保全 特任	AB	BB	BB	？？	CB	□

ファンヒーターに関連する作業

コンセントの抜き差し

吹出口の予熱

■ 危険源が大文字の場合は、検討が必要
■ 人への依存度が大きい場合も検討が必要
■ 「AA」「AB」「BA」「BB」は優先的に検討が必要

□ 関わらない危険源

不可能な手工具や道具などによるリスク

事業場によっては、**いきなり管理的対策を考えようとするケースを見受けますが、検討順序が間違っている**ことは、これまでの解説のとおりです。

また、管理的対策は、災害発生のシナリオ中に寄与する部分が存在せず、原則として、リスク見積りの**点数は下がりません。**

ただし、本書解説の見積り基準のように、人への依存度を大きく変更させられるのであれば、発生確率を変更してもかまいません。

管理的対策の検討対象とするリスク

見積り結果のうち、どこまでの危険源について管理的対策の検討が必要かを考えます。

本書で採用した基準（140ページ参照）でリスク見積りを行った場合には、少なくとも危害の大きさ評価（危険源側）結果が「大文字」のままとなっている作業については、管理的対策の検討対象にしましょう。

特に、危険源や人への依存度が「A」、「B」（大文字）の場合、つまり「AA」、「AB」、「BA」、「BB」に該当する危険源は、優先的に検討しましょう。

管理的対策も災害発生のシナリオに沿って

管理的対策も、危険源ごとに災害発生のシナリオに沿って考えます。

この際、工学的対策と同様に、危険源マップや、危険源と作業の関わりを整理した表（154ページ参照）を参照すると、同一の危険源には、同じ管理的対策を適用できることなどが把握しやすく、より効果的に検討できます。

■　危険源の無効化

危険源があるから事故が起きるので、危険源を無効化することを考えます。

●　機械（機械的危険源や電気的危険源）の清掃などの際、電源を遮断[※]してから作業をする。

（※）「主電源を切る」、「コンセントを抜く」、「ブレーカーを落とす」などが該当し、主電源が入ったままの「操作待ち状態」は、危険源の無効化には該当しません。

●　高温の機械、道具など（熱的危険源）は、十分冷却してから作業をする。

などが該当します。

■　危険源と人との離隔距離を確保

（危険状態の成立を防ぐ）

●　無線式クレーン運転時に、作業場を見渡せる位置に立ち位置を決めて操作する。

●　扉の開閉時や運搬台車の操作時などに、取っ手やバーなどの掴む位置を指定する。

などが該当します。

■　危険事象への移行を防ぐ対策

●　複雑な手順や、不自然な姿勢による作業継続の是正（人間工学の危険源＝エラーの起きやすさ）

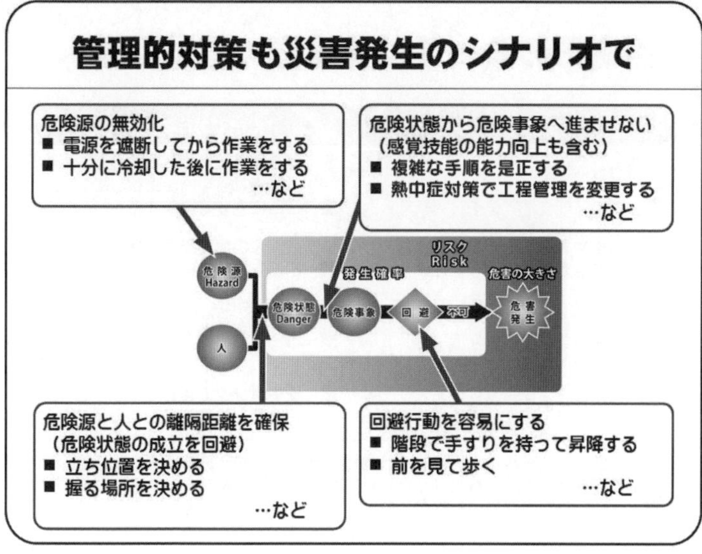

● 熱中症などの暑熱対策に関して、**工程管理を変更し、休憩時間を「指示」として組み入れる。**

● 定期的な能力向上訓練

フォークリフトの運転、クレーンの運転などの卓越した技能が要求される作業の技能向上

などが該当します。

■ 回避行動を容易にする対策

回避行動を容易にするには、「気付くことができる」ことと「回避行動ができる環境である」の、二つの要素

否定形のルールは肯定形の行動目標へ

否定形のルール	肯定形の行動目標
（クレーンの） ■ つり荷の下に入るな	（運行経路を外し、全体を見渡せる場所を指定して） ■ ここに立って操作する
（台車やカートなどを押すとき） ■ 指をはさまないように注意	（危険源の影響範囲外を検討し） ■ ここを持って操作する
（階段などで） ■ 転落しないように注意	■ 手すりを持って昇降する
■ 機械を止めずに掃除しない	■ このボタンで止めて掃除する （止めるためのボタンを指示）

■ 否定形のルールは、具体的な行動ができるよう肯定形の行動目標にする。
■ 管理者は、指示された（した）行動が管理対象になる。
■ 「○○した方が良い」など、あいまいな内容は行動目標として不適当

が必要です。

● 階段昇降時に手すりを持つ。

● 道路交通で人が右側を歩く（車に背を向けない）。

などが該当します。

ルール設定は肯定形で

手順書やルール設定には、できる限り「肯定形」を用いましょう。「否定形」で構成されるルールなどは、行動目標にはなりませんし、職制として「管理すべきこと」が存在しなくなってしまうからです。

例えば、台車などを押す際に、指などがはさまれないようルール化するときは、「指をはさまないようにする」という否定形ではなく、「手を置く位置はここ」という肯定形で決めましょう。

ただし、肯定形であっても、「ここを持ったほうが良い」という決め方は不適切です。「○○したほうが良い」というのは、設定する側の希望（逃げ）でしかなく、作業者も「やらなくても良さそうだ」としか受け取らないでしょう。

行動目標設定を現場の活動に

リスクアセスメントによって、危険源と作業の関わりが明らかになったのですから、**従来のKYなどの代わりに、行動目標を決めることを現場の活動としましょう。**

どのように決めるのかについては、これまでの解説のとおりですが、達成方法には様々なアイデアが提案されることと思います。

作業者とのコミュニケーションを大切にしながら、納得性のある内容を決めることができますし、作業者も、自ら参加した事柄では、守れない理由もないと思います。

また、このような**コミュニケーションを通じて、**「防護カバーを取り外さないと行えない作業がある」というよう

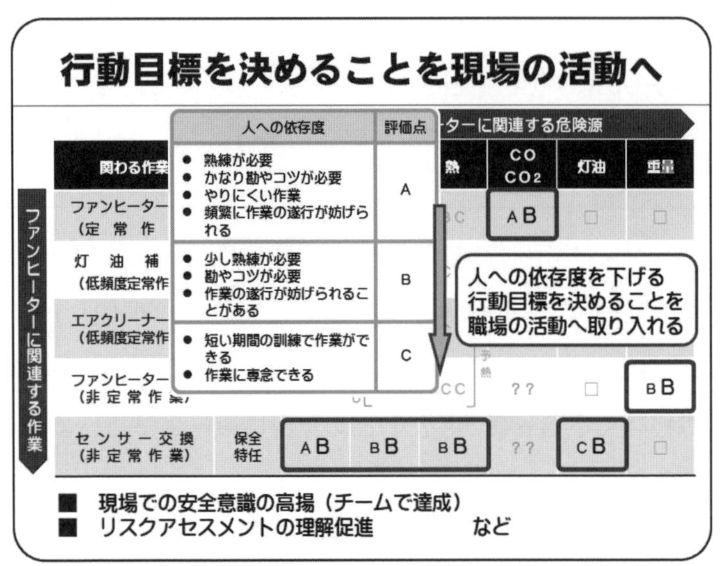

な**都合の悪い情報を把握できる**こともあります。

管理の原点は、都合の悪いことも含めて実態を「知る」ことにあり、リスクアセスメントはそれらを「知る」ための仕組みでもあるのです。

現在のルールの妥当性を再検証する

すでに**ルールが策定されている場合には、**そのルールが本当に**順守可能で妥当な内容であるかを、見積り結果を通じて、再検証**しましょう。

本来、手順書やルールの妥当性は、リスクアセスメントを通じて危険源と作業の関わりを明確にしない限り、判断できないものです。

リスクアセスメントを行わず、作業の実態を調べないままに順守不可能なルールを設定している例を見かけることがありますが、言い換えれば、それは管理する側だけに都合の良い、作業者に責任を押しつけるためのルールであると強く感じます。

防護カバーを外さないと行えない保全作業を行った作業者を、ルールを守らなかったとして処分するのでは、現場の疑心暗鬼を招き、決して良い結果につながらないでしょう。

また、管理する側だけに都合の良いルールは、往々にして思いつきで単発的に設定されたものが多いと思います。単発的なため、根拠がはっきりせず、受け継がれる過程でいつしか意味合いが忘れられ、すり替わってしまうことがあります。

自分たちの仕事に都合の良いように作り上げられたルールが、いつの間にか絶対視され、根拠あるもののように伝えられていくことは、現場だけでなく、事務部門（間接部門などを含みます）でも意外に多く見られることだと思います。

ルールの設定は思いつきや単発的に行うのでなく、リスクアセスメントを根拠にして、ルールが必要な理由を明らかにしたうえで、実態に合わせた妥当なものとできるよう、仕組みとして運営することが必要でしょう。

なお、ルール化するだけでなく、それを**作業者一人ひとりの行動スキーマ化する**ことの難しさについては、後に述べたい（247ページ参照）と思います。

ヒヤリハットをリスクアセスメントへ活かす

リスクアセスメントを進める一方で、実際に事故が発生したり、ヒヤリハットが報告されることがあります。

どれだけ緻密なリスクアセスメントを行っていたとしても、事故の可能性がゼロである「絶対安全」は存在しないことは、本書の最初に述べた(20ページ参照)とおりです。

リスクアセスメントを行ったのに、事故が実際に起きるのは許せないという心情的意見は理解できますが、ここでは異次元の議論と認識する必要があります。

PDCAとは、仕組みの見直し

リスクアセスメント指針では、リスクアセスメントの実施時期の一つに、「労働災害が発生した場合であって、過去の調査等の内容に問題がある場合」を挙げています。

ここでのポイントは、**「労働災害が発生した場合」ではなく、「過去の調査等の内容に問題がある場合」**としていることです。つまり、もし事故やヒヤリハット報告があれば、それを機に過去の調査に問題がなかったか検証するということです。

リスクアセスメントでは、起こり得る事故をできるだけ漏れなく予測するのが理想的です。しかし、漏れ落ちの少ない仕組みを作ることは簡単ではありませんから、事故の発生などを機会に調査方法を見直し、必要な修正を加えつつ、精度を上げていくことが必要です。これは仕組みを改善していくPDCAに該当します。

なお、本書でヒヤリハット**（インシデント）**を事故**（アクシデント）**と同じ扱いをしているのは、すでに「リスクの要素と用語」の節（38ページ参照）で解説したとおり、危険事象を通りすぎて、本人がうまく回避したという現象だからです。つまり、上手く回避できていなければ危害を受けていたはずで、それは、ある意味で事故そのものと考えられるからです。

ヒヤリハットで仕組みを見直す

ヒヤリハット事例を生かして、仕組みの検証をどのように進めることができるか、考えてみましょう。

大切なことは、**結果の漏れは仕方がないが、仕組みで漏れることは改める**ということです。

まず、ヒヤリハットの危険源は何かを分析します。

その危険源が、現在行っているリスクアセスメントの

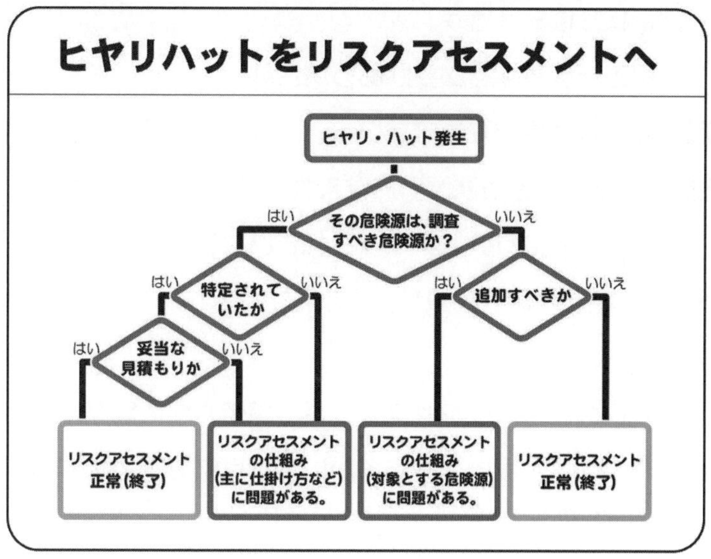

「特定すべき危険源」に含まれているのかを確認します。

■「特定すべき危険源」に含まれており、記録シートにリストアップされていれば、想定した危害の大きさを確認します。これらのすべてが妥当であれば、リスクアセスメントの仕組みとしては問題ないということです。

■「特定すべき危険源」に含まれていない場合には、ヒヤリハットの危険源と関連する作業を照らし合わせながら、「特定すべき危険源」と扱うかどうかを検討します。

例えば、危害の大きさを最大に見積っても、危害が小さく、危険源リストに含める必要がないと判断されれば、検証は終了です。

仕組みを改善する必要がある場合は、

■ 見積り結果が妥当でない。

■ 「特定すべき危険源」に含まれているにもかかわらず、記録シートにリストアップされていない。

■ 「特定すべき危険源」に含まれていない。

などの場合です。

これらは、リスクアセスメントの運用方法に問題があるわけですから、問題点を明らかにし、仕組みを改めていきましょう。

なお、**ヒヤリハットを用いた直接的な改善は、緊急の場合を除いては廃止**しましょう。気付きによる活動とリスクアセスメントが共存することは困難（64ページ参照）だからです。

安全確認型の制御と正しく止めること

防護柵にインターロックを取り付ける場合の回路構成や、機械を停止させてから掃除をする場合などの「停止」の考え方について、いくつか簡単に解説します。

安全確認型回路の採用

インターロックなどの回路には、「安全確認型」と「危険検出型」があり、両者の違いは、見た目にはわからないことが多いと思います。

事業場を訪問して、実際の機械を確認しながらインターロックについて質問すると、きまって「ここを開けると止まります」と説明されます。「開けると止まる」という現象は同じなのですが、安全確認型と危険検出型では回路の作り方が大きく異なります。

なお、安全確認型のインターロックは、正しく表現すると「開けると止まる」のではなく、「すべての条件が整うと動く」という表現が適切です。

防護柵に取り付けられたインターロックを例にして、具体的な違いを解説します。

安全確認型は、安全であること（装置内に人が存在して

安全確認型と危険検出型の信号

	安全確認型	危険検出型
扉が閉まっているとき（運転可）	閉まってるよ	………（信号なし）
扉が開いたとき（運転不可）	………（信号なし）	開いたよ

- 安全確認型は、正常の場合に信号を出し続ける。センサー故障や断線の場合も、信号が出ないので、運転が止まる。
- 危険検出型は、異常時のみ信号が出る。センサー故障や断線の場合、信号が届かず、運転も止まらない。

いないこと）を確認した場合にのみ、安全信号を発信する方式で、安全装置が故障したり、回路に断線が起きた場合には、安全信号が発信されなくなるので、人体を検出した場合と同様に、機械は安全側に停止します。

一方、危険検出型は、危険（装置内に人がいること）を検出した場合のみ信号を発信する方式で、安全装置が故障した場合には、信号が発信されず、機械を停止させることができません。

すべての機能が正常なときには、どちらも同じ結果となりますが、故障時には両者に大きな違いがあります。

防護柵にインターロックを取り付ける際には、安全確認型を採用するようにしましょう。

機械設備の止め方を統一する

機械などが異常停止したとき、「止める・呼ぶ・待つ」というルールを取り決めている事業場も、製造業を中心に多く見かけます。

ところが、「止める」といっても、自動運転と手動運転の切り替えスイッチを「手動」に切り替えることで、「止める」と思われていることも稀ではありません。

「管理的対策には『管理』が必要」の節で、「ルールは肯定形に」(200ページ参照)と解説しました。**「止める」というルールを設定するためにも、「このボタンで止めよ」という指示が必要**です。

もし、読者の事業場が、機械ごとに「止め方」が違うのであれば、機械ごとに「止め方の教育」が必要になります。それぞれ異なる「止め方」が存在することは、「人間工学の危険源」(エラーを誘発しやすい)に該当します。

最近では、機械などの異常時に「止める」ボタンを「非常停止ボタン」に統一して運用している事業場も増えてきました。「止め方」を統一することも、事故防止には大切なことと認識しましょう。

「止める」とは、どういう状態なのか

機械などが動いていなくても、その止まり方には、次の三通りがあり、これを停止カテゴリーといいます。

停止カテゴリーは、「0」から「2」まであり、それぞれ、

■ カテゴリー0（制御されない停止）

モーターなどの機械アクチュエータ（動力源と機構部品を組み合わせて、機械的な動作を行う装置）へ、電源などの供給を遮断した停止

■ カテゴリー1

機械アクチュエータが停止するために電力を供給し、その後停止したときにアクチュエータの電源を遮断する停止

■ カテゴリー2

機械アクチュエータに電力を供給したままにする制御停止

を指しています。

カテゴリー2の状態では、機械アクチュエータに電力が供給されているため、何かの拍子に機械が動くことがあり

ます。「止める」とは、停止カテゴリーが、「0」または「1」でなくてはなりません。

つまり、自動運転と手動運転の切り替えスイッチを「手動」に切り替えることでは、「止める」に該当しないということです。

ある事業場では、

- カテゴリー0 「STOP（ストップ）」（止める）
- カテゴリー1 「STOP（ストップ）」（止める）
- カテゴリー2 「WAIT（ウエイト）」（停める）

と明確に区別しています。「止めるボタン」の教育と併せて、停止カテゴリーとの整合性について検討しましょう。

動力遮断後の動力源

機械などによっては、空気圧や油圧などを使用しているものがあります。このような機械では、動力を遮断した後でも、圧力がそのまま残って（残圧）おり、それが危険源となり得るものも存在します。

例えば、空気圧で動作するシリンダーの先に、不具合によって引っかかったままのワークがあり、それを取り除いた途端に機械が残圧で動き、被災するなどのケースがあります。

このような場合には、保全担当者など、措置をする者に対して、圧力解放の教育も併せて行わなければなりません。

なお、電源遮断時に残圧を自動的に解放するという方法もありますが、機械設備によっては把持している重量物が落ちて二次災害を引き起こすタイプのものもあり、必ずしも残圧は解放されたほうが良い場合ばかりではありませんから、注意が必要です。

停止状態を維持するための対応

「自分の身は自分で守る」という言葉があります。私も、最終的には同意できます。

あえて「最終的には」と言ったのは、**自分の身を自分で守るためには、最終決定権を当事者に委ねることができる仕組みとなっている必要**があるからです。

例えば、機械を止めて作業をしているときに、第三者がうっかり起動させるようなことができるような環境では、「自分で守る」ことができないことを指します。

このため、**止めた後には、停止状態を維持できる最終権限を当事者自身が持てる仕組みが必要**です。

この要求に応えるのが、ロックアウトというもので、機

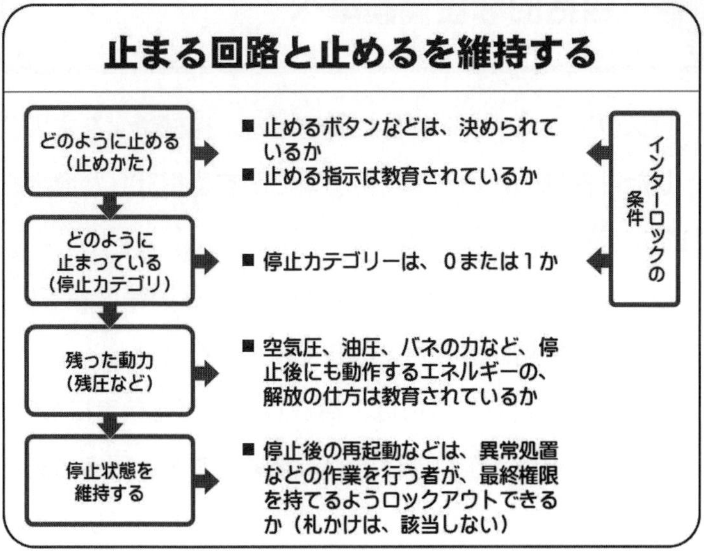

止まる回路と止めるを維持する

どのように止める（止めかた）	■ 止めるボタンなどは、決められているか ■ 止める指示は教育されているか	インターロックの条件
どのように止まっている（停止カテゴリ）	■ 停止カテゴリーは、0または1か	インターロックの条件
残った動力（残圧など）	■ 空気圧、油圧、バネの力など、停止後にも動作するエネルギーの、解放の仕方は教育されているか	
停止状態を維持する	■ 停止後の再起動などは、異常処置などの作業を行う者が、最終権限を持てるようロックアウトできるか（札かけは、該当しない）	

械などを停止させることのできるスイッチ類に、当事者が直接、鍵をかけ、その鍵を当事者が保管する考え方です。

もちろん、複数人で作業する場合には、それぞれが鍵をかけます。本書で詳しく解説しませんが、参考となるサイトは簡単に見つかります。**「自分の身は自分で守る」を成立させるにも、理論が必要**なのです。

なお、「札かけ」などの表示類だけでは、この機能には該当しません。

包括的な設備基準へ

リスクアセスメント指針に関連して、機械設備を主人公とした「機械の包括的な安全基準に関する指針」が発出されています。

しかし、個別の規制がある機械類と、ない機械類では、対応方法が極端に異なることも少なくありません。

例えば、動力プレスには、構造規格などを参考にして、より厳正な規格を作り上げている事業場でも、同様の動きをする油圧リフターには、全く措置がされていないような例も少なくありません。

どちらも「押しつぶしの危険源」という見方をすれば、同様の危害が生じる機械ですから、対応策も包括的に考えたいものです。

個別規格がなければ、上位規格を参照

国際規格は、個別の規格が存在しなくても、包括的に対応できるよう、次のように体系付けられています。

■　A規格（基本安全規格）

　基本概念、原則および要求事項を含む規格

■　B規格（グループ安全規格）

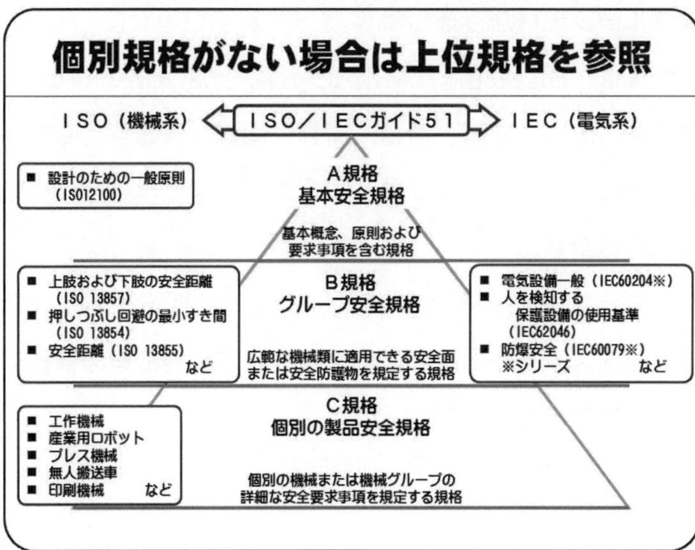

広範な機械類に適用できる安全面または安全防護物を規定する規格

■　C規格（個別の製品安全規格）

個別の機械または機械グループの詳細な安全要求事項を規定する規格

ピラミッド構造の国際規格は、B規格は上位のA規格に準拠し、C規格も上位のB規格に準拠するという統一的な体系が作りあげられています。

個別の規格が存在しなくても、上位のB規格には、様々なグループ規格が存在します。

例えば、制御装置、非常停止装置、安全距離、保護具、ガード、防火、防爆、音響、振動、衝撃、プログラマブルコントローラ、電磁両立性（EMC）、人間工学など、多岐にわたります。

これらは、Webを参照すれば、簡単に検索でき、**リスクアセスメントの危険源に対する考え方、対応策の検討にも、活用できる**ことでしょう。

第５章

リスクアセスメントと経営

リスクアセスメントは、直接的に事故防止を目指すものではなく、事故防止のための情報を整理する位置付けにあることを解説してきました。

この章では、整理された情報を用い、多くの事柄を包括し、現場の負担を小さく、スリムに、シンプルにできないかを考えていきます。

Q（Quality）C（Cost）D（Delivery）S（Safety）M（Morale）E（Environment）を総合的に、包括的に考えることがリスクアセスメントの本質であり、それは経営へと同化します。

人手不足とマネジメント

日本の総人口は、2008年の１億2,808万人をピークとして減少に転じました。また、近年は就労の形態も大きく変化しています。

私は、こちらの専門家ではないので、データを示して解説することはできませんが、安全衛生の視点からマネジメントについて考えてみたいと思います。

人口推移と労働災害

はじめに、労働災害の発生数は、1980年からの40年間で概ね３分の１にまで大幅に減少しました。ところが、近年ではその減少率が著しく鈍化し、死傷災害は増加する傾向も見られます。これに人口の推移を重ねると、対照的な印象を受けます。

これまで、KYやヒヤリハットなどの作業者の気付きをベースとした、「現場の安全衛生活動」は、一定の成果を上げてきたことは、間違いありません。

しかし、就労の形態の変化などによって、これまでと同じ考え方や手法が、これからも通用するのかについては、

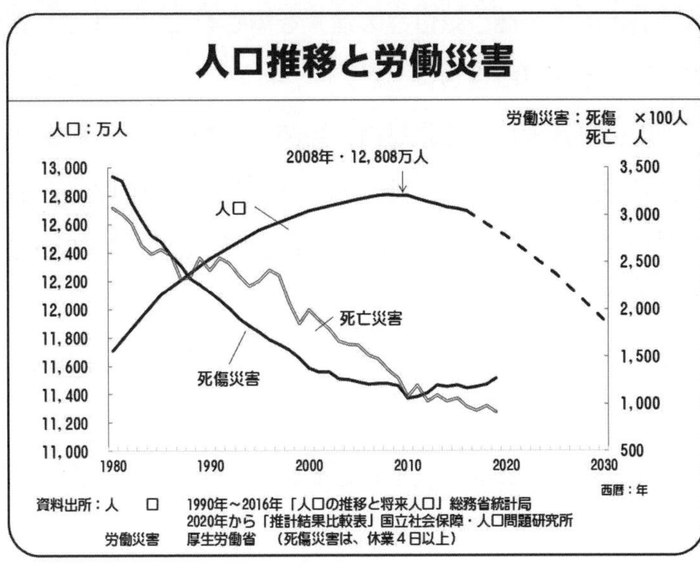

かなり疑問があります。

まず、情報の入口を作業者の気付きに頼ることは、個人の知識や経験に大きく依存します。ある意味、気付きの達人（安全の達人）を育てる必要があるわけです。

事業の本務に関しては、あらゆる業種や業態で、職人や達人といわれる、それに精通した人がおられます。一方、職人や達人といわれるまでになるには、「最低○○年かかる」ともいわれます。

人口減少社会に転じ、人材確保が困難となったこの時代に、気の遠くなるほどの年月をかけて、事業場として行うべき調査の手法を、気付きの達人を育てることによって達成することが可能でしょうか。

また、異業種からの転職者、短時間労働者、高年齢労働者、外国人労働者など、価値観や文化が異なる中で、これまでの「あうんの呼吸」（10ページ参照）が、これからも成立するのでしょうか。

ベテランの安全衛生担当者の中には、「安全成績の悪い職場は、雰囲気でわかる」という意見もあります。仮に、その見立てが正しかったとしても、安全は、誰かに見てもらうものではなく、組織全体で創り上げるという視点に矛盾します。

また、そのような感性を持った人材を、組織の中にどれだけ育成することができるのか、あるいは同様の能力を持った後継者を何年経てば育て上げることができるのか、少なくとも私は、それに対する解を持ち合わせた人と出会ったことはありません。

コントロールからマネジメントへ

今でも、リスクアセスメントに関する誤解は数多くあります。本書で取り上げてきた内容と、読者の事業場で行われているリスクアセスメントを比較したとしても、なお、

「どこが違うのか」という思いがあるかもしれません。

これまでの安全と、本書で解説しているリスクアセスメントで大きく異なる点は、**「見つけた」が「科学的に調べた」に置き換わるだけ**です。それ以外の実際に行われる内容を個別に比較すると、**これまで行ってきた内容と違いが認められないものが大半を占め**ます。

加えて、見積り結果ごとに対応策欄がある記録シートを使用（121ページ参照）している場合には、さらに違いがわかりにくくなります。

だから、多くの場合に「何が違うのか？」という疑問を生み、長年にわたり安全衛生を担当されたベテランの方々は、「自分たちのやってきたことだ」と思うのでしょう。

なぜ、このような誤解につながるのかを追求すると、**コントロールとマネジメントの違いが理解されていない**ことにたどり着きます。

コントロールとマネジメントの大きな違いは、見ている次元（立ち位置）の違いにあります。

これまでの安全は、作業者の気付きをベースとして、問題点を是正するという方策、つまり「見つけた危険をなくす」（64ページ参照）という考え方に立脚していると解説してきました。このように、「ことを正す」方策のことを「コ

コントロールからマネジメントへ

各々は正しくても、全体から見て正しいかどうかがわからない

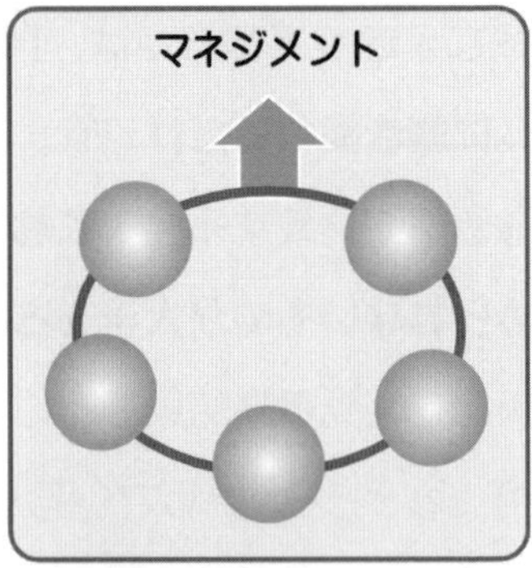

調査結果を整理することで、全体から見た正しいことができる。
（方針表明と情報共有が必要）

ントロール」といいます。

一方、リスクアセスメントは、安全の原則に立ち返り、危険源と作業の関わりを、**組織として科学的に調査**し、マネジメントに結びつける目的で行います。「マネジメント」には「正しいことをする」という意味があります。

コントロールは、個々の問題解決はできたとしても、全体を見渡して課題とすることにはつながりにくい側面があります。ある作業に対して有効な対応策であっても、他の作業の際には役に立たない場合や、邪魔になって無効化されやすい（157ページ参照）などは、コントロールの典型例でしょう。

一つひとつの活動が、内容について間違いのないこと（正しいコントロール）であっても、全体を体系的に整理し、眺めたときに、活動そのものが正しいのかどうかはわかりません。

マネジメントは全体を見渡して

本書全体を通して解説していることは、**意思決定をする前に、一定の方法で事実を集約する必要があり、そのためのツールがリスクアセスメントである**ということです。

そもそも、危険源と作業との関わりが整理できていないのに、「正しいこと」（マネジメント）の議論はスタートすらしていません。

全体を見渡せる情報を元にして、対応策などの手段を体系化しなければ、「正しいこと」の判断もできません。

コントロールの立ち位置に、いつまで立っていても、やがてマネジメントになることはありません。

同様に、KYに点数をつけても、やがてリスクアセスメントになることもありません。読者の事業場の「現在のやり方」を「現在の考え方」へと、しっかりと見直しましょう。

作業把握は事業活動そのもの ～働き方改革も同じ～

事業を運営する中で、どのような業務が生じ、どの部門が何を担当し、各々の部門ではさらにどのような作業が生じてくるのか、この把握は**事業活動そのもの**です。

QCDSMEは同じ枠組みで

ところが、「見つけた危険をなくす」という考え方に立脚し、安全衛生だけを特別に取り扱ってしまうと、作業把握は抵抗感の強いものに変わります。

作業把握の指示が出た途端、「いろいろな作業がある」などの意見が出て上手く進められないこととは、「だからリスクアセスメントなんてできない」という強い抵抗の現れだと思っています。

読者の事業場が、これまで安全衛生だけを別に取り扱ってきたとすれば、まずは**QCDSMEを同じ枠組みで取り扱うという経営者の意思表示が必要**です。なぜなら、組織には、各々の部門だけでは解消できない大きな障壁が存在していることが少なくないからです。

私が知っているいくつかの事業場では、QCDSMEに関する担当部署がそれぞれ設置され、それぞれが独自の仕組

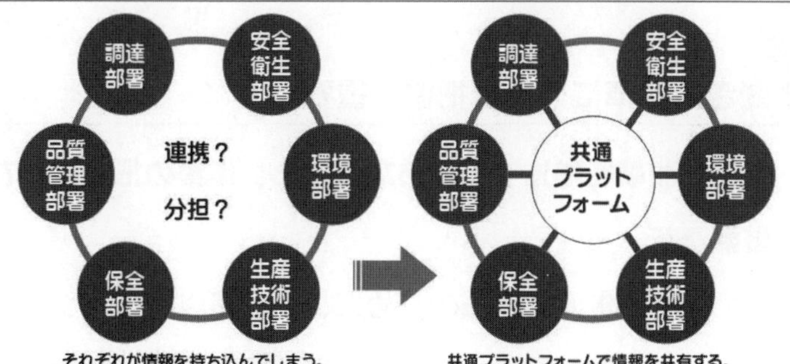

みを作っています。

安全は安全、品質は品質、環境は環境と、それぞれの部署はまじめに取り組んでいるのですが、組織全体を眺めたとき、相互の連携がないままに、多くの書類作成を現場に強いているようにも感じます。

これらは結果的に、業務を煩雑にして大きなムダを生み、コストを増大させる原因となっているかもしれません。

仕組みの不備によるムダの波及先は、組織全体に及びます。そのような仕組みが存在するとすれば、本質的でありシンプルでスリムな仕組み化を図ることこそが、本来のコスト削減につながると強く感じます。

働き方改革にも作業把握は重要

働き方改革を推進するにあたっても、作業の把握はとても重要です。

例えば、労働時間削減のために、夜８時以降はパソコンのサーバー電源が切れるよう設定するなど、単に時間を軸にした強硬手段の実施では、新たな歪みを創り上げることになるかもしれません。

確かに、一定時間でパソコンが使用できなくなることによって、その時間までに何らかの工夫をして業務を終わらせなければならない、という意識改革には結びつくことはあるでしょう。それはあくまで意識改革の話であり、結局のところ、それぞれの工夫に委ねていることに変わりはありません。

ここで解説していることは、**事業活動によってどのような作業が生じているのかの把握があってこそ、真の効率化を図ることができ**、結果として労働時間削減に結びついていく、ということです。

事務部門でRPAを導入しても思ったほどの業務改善を

図ることができなかった（10ページ参照）とは、そもそも業務プロセスの把握が十分でないことが原因であることは少なくありません。また、リモートワークの実施にあたって、リモートに置き換え可能な業務と、そうでない業務との振り分けがうまくいかないことも、そもそも作業把握や業務の整理が不十分（現場任せ）なことが要因になっていると強く感じます。

後の解説（238ページ参照）で理解いただけるかもしれませんが、作業把握の共通プラットフォームに最適なのは、リスクアセスメントによる作業把握であると思います。

安全性の向上と生産性の向上は同義

本書で解説しているリスクアセスメントを実践している事業場も増えてきました。

ある事業場では、保全部門の作業把握を行うための手法として、

■ 保全要請を受け現場へ行く。

■ 行おうとする作業が作業登録書に記載がなければ、作業をする前にいったん詰め所に戻り、作業登録書に記載

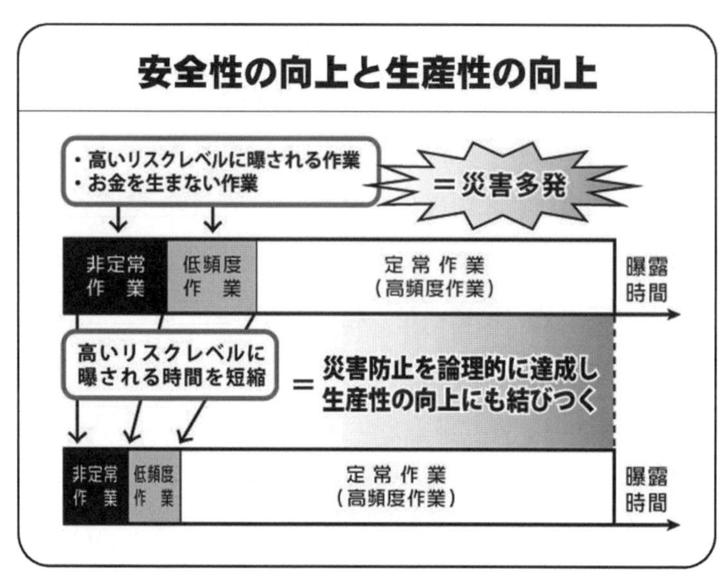

　する。

という方法を採用したそうです。

　もちろん、作業登録書に記載してから保全作業を行うことは、**工程の遅れが発生するということですが、それを許容した経営者の決意**がそれを可能にしました。

　わずか数ヶ月で、数万件の作業が把握され、そのうち４割以上の作業が、管理者の把握できていない作業でした。

　作業把握がされれば、工程改善が進みます。工程改善が進むと、保全作業に要する時間の短縮や、保全作業そのものの統合、生産技術部門との連携により、不具合そのものの原因除去なども進みます。

それは結果として、**保全作業における危険源との曝露時間の減少**に結びつきます。

つまり、**事故発生の可能性が減少するいうこと**です。

また、保全作業の時間短縮は、定常作業の時間の増加に結びつきます。論理的に安全性の向上（事故を減らす効果）に結びついただけでなく、結果として生産性の向上にも寄与したということです。

安全性の向上と生産性の向上が、トレードオフの関係にあると思われていることは、コントロールとマネジメントの違いが理解されていないことに端を発しているのかもしれません。

ISOの本質へ
～目的を忘れた仕組みたち～

品質ISO、環境ISOなど、マネジメントシステムを導入している事業場は、少なくないと思います。最近では、食品等事業者に、HACCP（ハサップ）に沿った衛生管理の実施を求めるなど、仕組み化の流れが進んでいるとも感じます。

念のための確認ですが、これらのマネジメントシステムは、マネジメントのための仕組みであって、これらを導入したからといって、結果として「品質が良い」とか、「環境に優しい会社」ということにはなりません。

事業とは別に運営されるマネジメントシステム

事業場を訪問して、導入目的などを聞いてみても、「マネジメントの質を上げるため」と回答される場合のほか、「取引先や親会社の要求」や「営業戦略のため」などと、導入目的も様々なようです。

仕組みを導入したものの、「マンネリ化している」とか、「**現場の理解が得られない**」などといった声を聞くことも少なくありません。

このような悩みや現場の声から、マネジメントシステム**自体が求めているところの**理解が、本当にできているかという疑問を感じます。

「現場の理解が得られない」とは、ISOのためだけの書類作成を現場に求め、それに対する結果の利益が現場には何も残らない、ということなのかもしれません。規格ありきで、現場の実態からかけ離れたことを要求しても、上手くいくはずはありません。持続可能な発展への取組みとして、日常に溶け込ませた位置づけとしなければ、現場の負担にしかならないことは明らかです。

率直なところ、**なぜこのようなことが理解されぬままに、マネジメントシステムが進められてきてしまったのか**という疑問が残ります。

その背景には、認証を行う審査員の中にも、考え方を十分に理解していない方がいる、という現実もあるのでしょう。しかし、審査員側の問題だけではないはずです。

なぜなら、事業場のそれぞれの担当部署も、**本質的な意味を理解しないままに、「どのような書類を作成したら良いのか」などに重点が置かれて行ってきた**、という経緯があると思えてなりません。

2018年3月に発効したISO45001（労働安全衛生マネジメントシステムに関する国際規格）は、リスクアセスメ

マネジメントシステムとの比較

	管理対象の呼称	重点管理対象（リスク低減対象）	管理対象選定の範囲
リスクアセスメント	危険源（ハザード）	エネルギーの大きな危険源	労働者の就業に関わるすべて
HACCP	危害要因（ハザード）	（危害要因に関わる）特に重要な工程	原材料の入荷から製品の出荷に至る全工程
環境ISO	環境側面	著しい環境側面	組織活動全体

リスクアセスメントも、各種マネジメントシステムも、構成は同じ

ントを中核として構成されていますが、認証取得した事業場でも、危険源のない記録シートが用いられていることがあります。

リスクアセスメントも、同様の問題を抱えていると強く感じます。

他のマネジメントシステムとの比較

ここで、リスクアセスメントと、いくつかのマネジメントシステムの考え方の一部を整理し、比較しながら解決策を探ってみたいと思います。

はじめに、マネジメントシステムの組立て、全体的な構成から考えてみます。

■ HACCPでは、食中毒菌汚染や異物混入等の危害要因（ハザード）を把握した上で、原材料の入荷から製品出荷までの全工程の中で、危害要因を除去低減させるために、特に重要な工程を管理します。

■ 環境ISOでは、組織活動の中で環境に影響を及ぼす側面（環境側面）を洗い出し、その中から著しい環境側面というものを決定し、管理します。

■ 本書解説のリスクアセスメントでは、作業に関わる危険源（ハザード）を洗い出し、エネルギーの大きなものを管理します。

リスクアセスメントでいう「危険源」は、HACCPでいう「危害要因」であり、環境ISOでいう「環境側面」と考えられます。

事業活動のみならず、人が活動すれば「危険源」にも、「危害要因」にも、「環境側面」にも関わります。

私たちは、これらを負というイメージで取り扱い、「絶対に」とか、「二度と」とか、「100%」とかに拘り、直ちに該当する箇所についてだけの対応策を施そうと（コントロール）し、何らかの結果に結びつけようとしがちです。

リスクアセスメントを行って、（すぐに）「事故を減らす」というような、短絡的な結びつけをしがちなことも、ここに由来しているとも感じます。

しかし、現実論として、すべての「危険源」を、「危害要因」を、「環境側面」を、排除することはできません。

そもそも、**排除どころか管理することすらできない**でしょう。

ですから、**HACCPでは「特に重要な工程」を、環境ISOでは「著しい環境側面」を決定し、まずは管理することを要求**しています。これらはいずれも「リスクレベルの高い」ものを管理するということです。

リスクアセスメントで、**「危険源のエネルギーの大きさ」に着目し、エネルギーの大きい危険源と関わる作業を管理するのも、これと全く同じ**です。

具体的な指示がないと戸惑う

次に、「具体的な記録帳票」や「具体的な対象」というような、具体的な指示がマネジメントシステムには見当たらないという点を考えてみます。

いずれのマネジメントシステムも、「この様式を使う」

とか「ここを確認する」という具体的な内容は、どこにも指示がありません。

具体的な指示がないことに、私たちはとても戸惑います。「この様式にこれを書けという具合に、法令や規格で具体的に決めてもらえたら良いのに」と思った経験がある読者もいらっしゃることでしょう。

なぜ、具体的な様式や内容がないのでしょうか。

その解は簡単で、**読者の事業場の具体的な業務内容は、あなたの会社（の経営者と労働者）しかわからないから**です。

ですから本書でも、作業の拾い上げ方は、読者の事業場で普段から使用している帳票を工夫して、仕組みを築くと解説（76ページ参照）していますし、対象とする危険源も、読者の事業場で特定すべき危険源（97ページ参照）を定め、わかりやすく表現することを提唱しているわけです。

端的に言えば、知りたいことがあるから、知るための方法が決まるということです。そして、知るためには、日常の作業として現場に求めるべきことが決まり、その方法はできるだけ現実に即してシンプルに行われるほうが良いと解説しているわけです。

業務プロセスの統合

最後に、管理対象設定の範囲について考えてみます。

HACCPでは、「原材料の入荷から製品の出荷に至る全工程」を対象とし、環境ISOでは「組織活動全体」を、リスクアセスメントでは、「労働者の就業に関わるすべて」を対象としています。

HACCPの目的からすれば、食中毒菌汚染や異物混入に関連する工程に関わる「原材料の入荷」がスタートとなり、パッケージに収められるまでを管理すれば良く、こちらは品質ISOも同様でしょう。

一方、環境ISOは「組織活動全体」を、リスクアセスメントでは「労働者の就業に関わるすべて」と、範囲が広くなっています。

それぞれの具体的な解説は控えますが、これらの中で、最も対象範囲が広く、現場の実態を反映しやすいのは、リスクアセスメントで行われる作業把握です。

つまり、**リスクアセスメントで行っている作業把握をきちんとすれば、ほかのマネジメントシステムへの転用が可能となる、**ということです。

これまで、別々のマネジメントシステムとして、それぞ

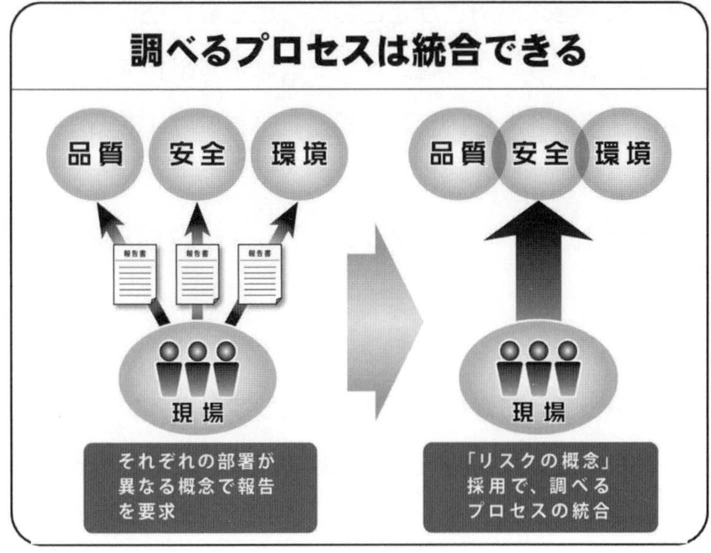

れの部署が、それぞれに対応してきたことは、生業(なりわい)から発生する業務整理という視点からすれば、組織全体で大きなムダを生み、現場に必要のない負荷をかけていた、と考えても良いでしょう。

率直なところ、安全衛生部署が、**作業把握や組織活動全体工程についての統括者という位置付けになっても良い(なる位置付けにある)、**と私は考えています。

リスクアセスメントを行うことだけで労働災害防止はできません。しかし、リスクアセスメントを行わなければ適切な労働災害未然防止ができないことも事実でしょう。

なぜなら、リスクアセスメントとは「対策」を決める前段階の「事実をありのままに知る」位置付けにあるからです。

この考え方は、他のマネジメントシステムも同様です。

リスクアセスメントの導入とは、**「見つけた危険をなくす」という考え方からのパラダイムシフトを伴い**ます。しかし、冷静に考えてみれば、**従来の品質管理や生産管理のマネジメントと同じことをする**にすぎず、これらの**共通点は統合可能**なのです。

2018年に発効したISO45001では、**品質や環境のマネジメントシステムと一体をなすことができるよう、共通の目次と共通テキストに基づいていることからも明らか**であると思います。

リスクアセスメントの正しい理解とは、「目的を忘れた仕組みたち」を、見直すきっかけになるのかもしれません。

「2S」と「3定」と作業把握

「仕事の基本は2S（整理・整頓）です」というと、「なにを今さら。わが社では、すでに5S（整理・整頓・清掃・清潔・躾(しつけ)など）を実践している」などと反論がありそうです。

多くの「S」は、整理（Seiri)、整頓（Seiton）のように、ローマ字表記された頭文字から当てられており、「S」が多いほど、何となく豪華に感じてしまいます。

具体的に、どのようなSがあるかを調べてみると、「整理」、「整頓」、「清掃」、「清潔」、「洗浄」、「殺菌」、「躾(しつけ)」、「習慣」、「しつこく」、「しっかり」、「省エネ」、「信頼」、「サービス」、「スパイラルアップ」など、整理・整頓とは違うカテゴリーのものもたくさんあり、ここに並べたものをすべて実践すれば、14Sにもなります。

基本は2Sから

事業場を訪問すると、5Sが定着し、機能していることもあれば、4Sを掲げてみたものの、整理・整頓が上手くいかないこともあるようです。

この節では、基本となる整理・整頓について、リスクアセスメントを利用して実践する方法を考えてみます。

整理整頓は、ひと続きの言葉ではありません。「整理」、「整頓」には、それぞれに意味があります。

「整理」には、「必要なものと、そうでないものを区別、層別する」という意味があり、「整頓」には「必要なものをいつでも誰でも取り出せるよう、秩序だてて配置する」ことをいいます。

ここまでは、ビジネス書に頼ることもなくWeb上でいくらでも閲覧することができるでしょう。

見かけ上の「整頓」は、モノが整然と並んでいることなどによって、視覚的に確認できます。

しかし、それが「整頓」の求めるべき姿に該当するのか、そもそも「整頓」するために必要なことが「整理」されているか、などは可視化することが難しいと思います。（コントロールとマネジメントの理解に同義です。）

例えば、自宅の整理整頓をするにも、何が必要なものなのか、どれを多用するかなどは、それぞれの頭の中にあるわけで、他の人にはわかりません。加えて、「必要なもの」には、それぞれの価値観（マネジメントの意味としての「正しいこと」）が大きく影響します。

整理整頓も、組織で取扱うためには、一定の方針と論理性が必要になるわけです。

作業把握を「3定」へ活かす

「整頓」を実践するためには、「定位」、「定品」、「定量」の「3定」が必要です。「定位」は、置き場を作ること、「定品」は、置くべきモノを指定すること、「定量」は、決まった量を置くことを指しています。

つまり、「整頓」するためには、まず「3定」が必要であり、「3定」のためには、「整理」が必要ということになります。

これができていない整頓は、定常作業なのに動線が長かったり、低頻度定常作業で必要なモノを探したりという、時間のムダを生み、生産性を下げる原因となっていることが多いと感じます。

整理するための情報は、作業登録書（80ページ参照）から得ることができます。リスクアセスメントが機能し、一定期間経過していれば、その職場で発生する作業は、一通り網羅されているはずです。

もちろん、これからもレアな作業が拾い上げられること

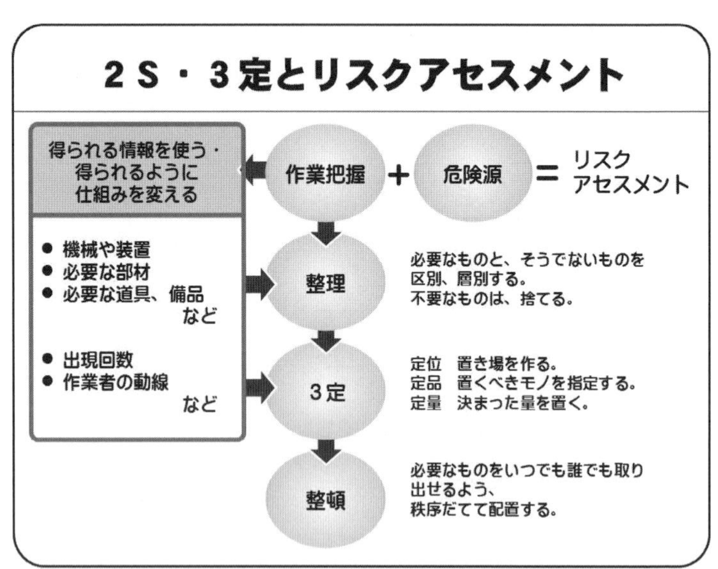

があるでしょう。しかし、それらはここで解説している整理整頓に、大きな影響を与えるものではありません。

作業登録書を工夫することで、その**作業の出現回数が把握でき**ます。把握された**作業ごとに、必要なモノがわかり**ます。この情報を整理すれば、その職場に必要な３定が決まります。

これによるメリットは、特に低頻度定常作業などで顕著に表れます。**必要なモノがバラバラの場所に保管され、動線が長くなったりすることがなくなり、探す手間が減る**ことでしょう。

消耗品類は、出現回数と１回あたりの使用量から、発注ルールが明確になり、余計な在庫を抱えたり、必要なときに足りなくなったりすることがなくなります。

作業把握は事業そのもの

前節では、マネジメントシステムの統合によるメリットを、この節では、作業把握の情報を２Ｓと３定管理に活かすことを解説しました。

作業把握という一つの調査から得られる情報は、いろいろな場面で活用できます。**情報整理の仕方一つで、現場はいくつかの手間から解放され、生産性や品質の向上へと結びつけることができる**と思います。

それは、**結果として安全性の向上にも結びつき**ます。

タダほど高いものはない ～コストは削減から最適化へ～

本書のリスクアセスメントを実践すると、比較的短期間で、まずは品質と生産性に変化が現れます。誤解を恐れずに率直に言えば、「安全は儲（もう）かる」ということです。

もちろん、「ひとたび事故が発生すると、事後には、直接的な経費のほかに、その４倍程度の間接経費が発生する」という事実もあります。

ところが、多くの事業場では、そもそも「ひとたび」を経験していないので、実感として捉えることはできません。

日常生活においても、大規模な自然災害を経験した地域の方と、それ以外の方では、多くの場合に感じ方が違う、という事実からも明らかでしょう。

この節では、リスクアセスメントを使って、QCDSMEを包括的に可視化し、コストを見える化することについて、考えてみたいと思います。

管理的対策はコストがかかる

はじめに、安易なルール化と作業者任せについて考えてみます。

これまで私たちは、事故の主原因を人に帰属させ、管理体制や教育訓練、規制の強化などで安全を確保してきた背景があります。

これは結果的に、安全に対して「最低限のコストで対応する」という理解となり、「安全はタダである」という認識につながったのかもしれません。

管理体制や教育訓練、管理的対策の手段である、ルール化や手順化（195ページ参照）の実効性を高めるには、かなりのコストがかかります。

例えば、自動車を運転する際、運転席に乗り込んでからスタートさせるまでの手順には、座席の位置やルームミラーの調整、シートベルトの着用、エンジンの始動など、いくつかの手順が存在し、これらの手順の実行順序は、人によってかなりの違いがあります。人によっては、走り始めてから、座席の位置を修正することも見られます。

業種を問わず、作業の中で発生する手順をきちんと取り決めていないケースは、いまだに数多く認められます。これらは、安全だけでなく、品質や生産性に少なからず影響していると考えられます。

一連の手順をルール化し、作業者一人ひとりの「行動スキーマ」として定着させるには、作業者一人ひとりの理解が必要であり、かつ、「次の手順は何だっけ？」と考えることなく行動できるための訓練が必要になります。

加えて、人は誰もが、自らの合理的な理解に基づいて行動を簡略化するので、訓練された手順も、時と共に省略する方向へ移行しがちです。これらの維持管理も、本来はコストとして算入しなければなりません。

設備対策を行うために、専門業者に発注したり、部材を購入することで、コストは簡単に可視化できます。率直なところ、管理者でなくとも「お金がかかる」程度のことは理解できます。

一方、安易にルール化し、その先を作業者任せにすることは、**コストがかからないのではなく、見えないようにしていた**に過ぎません。

技能伝承も作業者頼み

安全以外の視点では、熟練者の退職による技能の伝承問題などが挙げられます。

本書では作業登録書（80ページ参照）の情報を対応策の検討以外にも、あらゆることに活用すると解説していますが、私は、技能伝承についても同様のことがいえると考えています。

技能を伝承するため、熟練の作業者が行う作業を数値化するケースがあります。

もちろん、それは必要事項ですが、少なくとも私は、それだけでは十分ではないと感じます。

なぜなら、本務以外に発生する作業が整理できていないからです。本務には、それに付随する周辺作業が存在します。それらもセットで整理しなければ、技能の伝承は図れないと思っています。

そのための情報としても、リスクアセスメントによって整理された情報を利用して、見える化する必要があると強く感じます。

各職場で発生する種々の作業を、組織として承知する手続きを踏むことなく、人に帰属する方法で過ごしてきた歴史があると感じます。結果として、それが事業継続そのものに影を落とすことになっているとすれば、まさに「タダほど高いものはない」ということでしょう。

これまでの「あうんの呼吸」（10ページ参照）による作業者任せの対応は、**安全だけでなく、品質や生産性のコストすら、見えなくしていた**のかもしれません。

すべての理解を求めない
～安全衛生部署の管理～

リスクアセスメントを推進するためには、**安全衛生部署は管理に徹する必要**があります。調査そのものを安全衛生部署が行ってはいけません。

また、リスクアセスメント**全体の理論の理解は、すべての職場に求める必要はありません。**もちろん、理解者が多いことに越したことはありませんが、他のISOであっても、全体の理論の理解をすべての職場に求めることはないと思います。

リスクアセスメントの場合には、主管部署である安全衛生部署と経営者の理解があれば十分で、各職場では、通常業務の一部として負担なく行えるような仕掛け方を考えましょう。

リスクアセスメント全体を管理する

リスクアセスメントは実務上、

① 実際に発生する（している）**作業の把握**

② 作業ごとの**危険源の特定**

③ 特定された危険源ごとの**リスク見積り**

という手順で進め、別のステップとして、

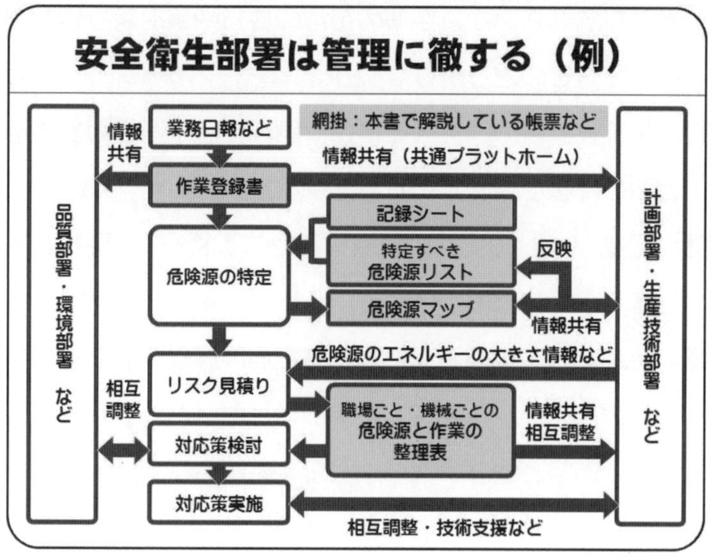

a　整理された情報を利用しての**対応策の検討**

b　**対応策**（リスク低減対策や現実化防止策）の**決定と実施**

が行われます。

安全衛生部署は、進捗を管理したり、実施されているリスクアセスメントの意味や意義がそれていないかの確認など、全体の管理・調整を行います。

具体例としては、

■　新たに把握した作業などが、日報などから作業登録書へ記載されているか、作業把握に便利な情報源として適

当な方法はないか、作業の整理の仕方やまとまり作業のとらえ方での困り事はないか。（226ページ以降参照）

■ 作業登録書の内容などは、計画部署、生産技術部署など他の部署と情報共有できているか。（152ページ参照）

■ 記録シートの記載内容を確認して、KYに逆戻りしてしまうような誤解が生じていないか。（95ページ参照）

■ 特定すべき危険源を一覧化した危険源リストに追加するものはないか、発生した事故やヒヤリハットから追加する事例などがないか。（206ページ参照）

■ 危険源リストで、もっとわかりやすい表現方法はないか。（巻末資料263ページ以降参照）

■ リスク見積り時に使用する、危険源のエネルギー情報で不足しているものはないか。（160ページ参照）

■ リスク見積り結果から、いきなり対応策の検討が行われていないか、危険源マップや整理票を作成する際に、現場が困っていることはないか。（153ページ参照）

■ 対応策の検討時には、計画部署や生産技術部署のほか、品質部署や環境部署など、対応策の実施によって影響を受ける部署の確認はできているか。（169ページ以降参照）

など、多岐にわたります。

リスクアセスメントと実施メンバー（例）

	作業者	監督者（職長級）	管理者（部課長級）	計画部署 生産技術部署	安全衛生部署
作業把握	A	A	C	B	C
危険源特定	A	A	C	D	C
リスク見積り	A	A	B	D	C
見積り結果の整理	B	A	B	C	B
対策優先度	C	B	A	C	B
対応策検討	A	A	A	D	B

A　必ず関わる　　B　必要に応じて関わる
C　特別な事情がある場合に関わる　　D　必要に応じ支援する

リスクアセスメントの役割分担

これまでの本書の解説のとおり、リスクアセスメントは現場の活動ではなく、組織として安全をマネジメントするための情報整理のツールです。

組織で行うのですから、それぞれの役割が決まります。

例えば、作業把握や危険源の特定などは、最小職場単位で、実際の作業者によって行われることが適当です。

この際、作業把握などはリスクアセスメントのためではなく、通常の業務そのものとして取り扱ったほうが良いことは、既に解説したとおり（76ページ参照）です。

対応策の優先度や、意思決定などは、作業把握や危険源の特定とは切り離して、管理者が関与する必要があります。

安全は安全屋がやればいいのではなく、安全を組織的に運営するためのツールとしてのリスクアセスメントを安全衛生部署が管理するという視点で進めましょう。

初めての導入にはモデル職場を定めて

リスクアセスメントを初めて導入する場合や、本書にしたがって仕組みの再構築を行おうとする場合には、まず**どこか一つの職場をモデルに定めて試行を行い、進め方を確立してから全職場へ導入**しましょう。

例えば、小さな現場単位で、普段から協力を得られやすい班、チームなどを対象として選定し、トライすることが適当です。

試行期間中は、一緒にリスク見積りに参加することも良いでしょう。しかし、いつまでも直接関与をし続けてはいけません。

安全衛生部署が心がけたい三つの要素

安全を組織的に運営するためには、リスクアセスメントをツールとして、科学的な方法でリスク管理を行わなければなりません。安全衛生部署は、これら一連のプロセスを、管理し続ける必要があります。

また、それを通じて、長期的には事業場の安全文化を醸成することも、安全衛生部署のミッションの一つだと思います。

このため、リスクアセスメントの定着や、安全文化の醸成には、次の三つの視点を持ちたいと思います。

(1) 科学的でかつ、論理的であること

今なお、自らの安心をもって、それを安全とする理解は、数多くあると思います。

安全とは何か、どのような状態を指しているのかについては、第1章を通じて解説しました。

安全を組織的に運営するためには、安全の根本的な原理に基づいた、論理性が必要です。**論理性がなければ、人を説得する際に破綻**してしまいます。

もちろん、安全衛生部署に持ちかけられる相談内容に

は、論理的でないこともあると思います。例えば、「危険源」「危険状態」などの定義された用語によらずに話が進むこともあるでしょう。

このような場合でも、相談される方に用語の確認をする必要はありませんが、安全衛生部署内では、用語に沿った理解をするよう心がける必要があります。

（2）現場とのコミュニケーションを大切に

事業場の安全文化を醸成することとは、安全に対して少しでも興味を持ってもらえる、理解者が増えていくことだと思います。

ところが、安全に限らず、専門的な業務に就いているスタッフからは、「専門的なことはわからないだろう」とか、「自分達の砦（とりで）に攻め入るな」というような、他に威圧感を与えるような振る舞いを感じることがあります。

自身が属する部署の振る舞いには、常に関心を持ちましょう。

現場や他部署と接する場合には、安全に対する軸がぶれないように、一貫性のある論理性は必要です。しかし、その前に、人は感情で話を聞くという、大原則を忘れないことです。

いくら理論的に正しいからといって、**面白くない話をいつまでも続けられれば、結果として敬遠されてしまう**ことでしょう。それでは元も子もありません。

リスクアセスメントの大切なステップである、作業把握や危険源の特定は、それぞれの現場でしかできません。

通知文書や電子メールでの一方的な展開では、理解を得ることは難しいと感じます。推進に関わる障害はないか、悩みはないかなど、現場との意思疎通を図るためにも、できればこまめに現場に足を運んで、現地現物で面と向かって話をしましょう。

相手の懐に入り込んで、「なるほどあいつの言うことなら聞いてやるか」という具合に、信頼関係を構築することを日頃から心がけましょう。きっと、間接部門では思いもよらなかったアイデアをたくさん教えてくれるはずです。

(3) 経営的な視点を持つ

誤解があるといけないので、あえて繰り返しますが、持ちたいのは「経営的な視点」です。

記録シートに記載された見積り結果ごとに、対応策を検討するものではない（第４章165ページ以降参照）と解説しました。見積り結果ごとの対応策は多くの場合、部分最適になることはあっても、全体最適にはなりません。

対応策を検討するにしても、それによって、品質や生産性の問題点は生じないか、環境への影響は大丈夫かなど、広い視点が必要です。また、ある部署、ある製品、ある設備という単位ではなく、全体的なパフォーマンスが高くなる対応を考えることも必要でしょう。

結果として、どこかの部分最適が崩れることもあります。

顧客に近い位置で、納期や苦情、難しい要求事項などに常にさらされて頑張っている現場からは、「手間だ」、「無意味だ」と不満を持たれることもあるでしょう。

だからこそ、普段からの信頼関係の構築を欠かしてはならない訳です。

論理的な解説と信頼関係、そして広い視点とアイデア。横断的に管理する安全衛生部署だからこそ、持ち合わせたいスキルだと思います。

トップの決意と方針表明 ～安全はマネジメント～

リスクアセスメントとは、労働災害の直接的な防止のためのツールではなく、マネジメントのための情報整理のツールである、と本書を通じて一貫して解説してきました。

リスクアセスメントを実践するためには、ヒト・モノ・カネ・情報を総合的に取り扱う視点が必要だからです。

これまでの「見つけた危険をなくす」をベースにした安全の考え方とは、一線を画す内容です。

方針表明は決意もセットで

リスクアセスメントを導入するためには、いくつかの決意が必要です。決意には、元となる**方針の表明が必要**です。

品質や環境のマネジメントシステムを導入している事業場では、同様の方針表明が行われていると思います。しかし現実には、その**方針が共有されず、現場がひたすら文書を作っている**ことも稀ではありません。

これが現場が疲弊する大きな要因なのかもしれませんし、事業の本務に影響しているかもしれません。

方針を表明するためには、いくつかの決意も必要です。

本書で解説した内容を実践する場合の決意としては、

- リスク管理は事業活動そのものという決意
- そのために必要なリソースを投入する決意
- 事実に嫌な顔をせず、ありのままに受け入れる決意
- セクショナリズムの壁を取り払う決意
- 安全衛生部署の位置付けの再確認

などがあります。

いずれも、経営者の強い決意がなければ、現場サイドでは軸足を定めることすらできないことばかりです。

変化するから進化する

事業場には戦略として向かうべき先があり、その道筋に対して、現状は何ができていて、何ができていないのか、把握する必要があります。常に現状を把握しながら、組織全体をマネジメントしていくことが、最も確実で、かつ、近道だと思います。

そのためには、場当たり的に作り上げられてきた様々なプロセスを、体系的に整理し、できる限り集約することで、スリムでシンプルな仕組みを創りあげる必要があるのです。しかし、そこには大きな変化が伴います。

少なくとも私は、変化するから進化すると思っています。

私たちは、個人の頑張りだけに頼り、時間を圧縮するだけで、様々なことをこなしてきたのかもしれません。圧縮しきれない部分は、架空の時で吸収したつもりになっていなかったでしょうか。

それはまた、新たな偽りと歪みを生み、人と人とのつながりまでをも疎かにしてきたことがあるのだとしたら、スリムでシンプルな仕組みで生み出された余裕の時間は、何に使うことができるのかを考えるべきだとも思います。

現場の方々が、人と人とのつながりの中で、より一層仕事に思いを尽くすことができるような環境を、今だからこそ創りあげるときなのかもしれません。

安全とは、事業におけるマネジメントそのものだから。

巻末資料

危険源の具体的な表現とリスト化

リスクアセスメントの最初のステップである「危険源の特定」は、作業の各段階において、直接使用する機械や道具の危険源や、労働者の位置と周辺の状況で、関係してくる危険源について、分類に即して一つずつ「ある」か「ない」かだけを特定することです。

このステップが適切に実施されるためには、事業場として「特定すべき危険源」を明確にし、現場に示す必要があります。

この章では、危険源の分類ごとに、わかりやすい表現の仕方などについて解説します。

なお、一覧化を図るときには、読者の事業場に、実際に存在する具体的な名称や写真などを用いて、より現場に近い内容に編集することを強く奨めます。

機械的な危険源

機械的な危険源は、結果として「はさまれ･巻き込まれ」や「切れ・こすれ」というような危害を引き起こし、結果として、切刺・挫断・切断・挫滅・窒息・内臓破裂など、様々な危害を受ける根源です。

機械的危険源を社内で説明する場合に、「はさまれ・巻き込まれ」や「切れ・こすれ」という表現を前面に出してしまうと、「はさまれそうなところ」とか、「切れそうなところ」などと、**これまでのKY感覚がよみがえり、危ないところ探しへ逆戻りする典型例**でもあります。念のために繰り返しますが、「はさまれ・巻き込まれ」や「切れ・こすれ」は事象であり、危険源ではありません。

「はさまれ」が起きる危険源は、代表例として「押しつぶしの危険源」があります。**危ないところ探しに逆戻りしないためには、「すき間が広くなったり狭くなったりする動き方をするところ」と説明することが適当**でしょう。

機械設備には、このような動作をする箇所がたくさん存在します。また、この動作をするエネルギーには、電動機

押しつぶしの危険源（機械的危険源）

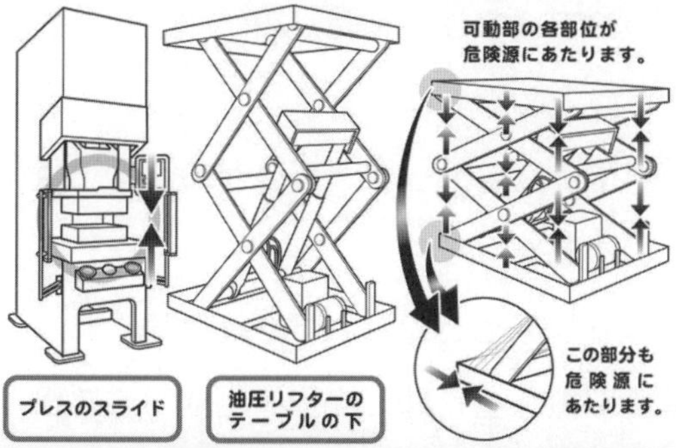

可動部の各部位が
危険源にあたります。

この部分も
危険源に
あたります。

プレスのスライド

油圧リフターの
テーブルの下

ポイント　すき間が広くなったり、狭くなったりするところ

（モーター）、内燃機関（エンジン）、空気圧、油圧、水圧などのプラスの圧力や真空などのマイナスの圧力、バネの力、そのものの重さ、などがあります。機械設備がどのようなエネルギーで動き、どのように動力が伝達されるか、動力側からたどる方法もあります。

また、**法令に規定されているものは抽出されやすく、それ以外は抽出されにくい傾向**もあります。例えば、「プレスのスライド」は抽出されやすく、「油圧リフターのテーブルの下」は同様の動きになっているのに抽出されにくい傾向があります。

押しつぶしの危険源の例示

- スライドテーブルの両端部分
- クランプ（つかみ装置）
- ロボットのアーム
- ドアや扉（シャッター式などの安全防護が危険源になることもあります。）
- クレーンなどでつり上げられた荷
- 建設機械などでは、旋回体と壁のすき間
- トラックのテールゲートリフターと車体の間や地面との間
- 電動介護ベッドなどの手すりと床面
- 座りの悪いもの（幅が狭く、背が高いものなど）の転倒する方向（タンス、食器棚、テレビなど）

「巻き込みの危険源」は、**「回転するところ」と説明することが適当**です。

巻き込みの危険源の例示

- 動力を伝達するギヤ（歯車）
- ベルトコンベアのベルトやローラー（特に端部）
- 回転するシャフト

巻き込みの危険源（機械的危険源）

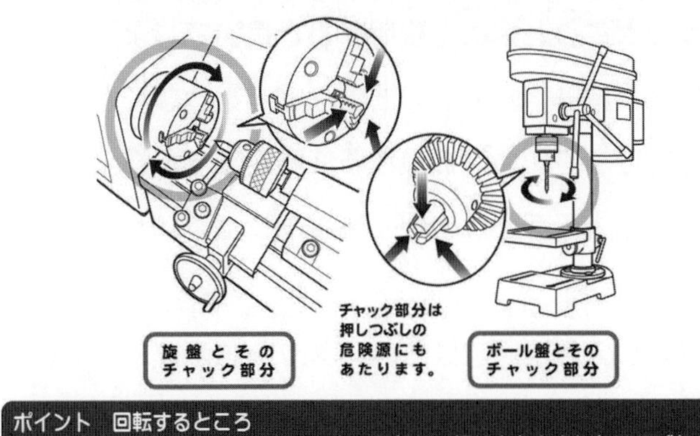

ポイント　回転するところ
人力で回転させる場合でも、回転体の慣性力を考慮しなければならないこともあります。（回転体の質量との関係性）

- 回転機構のある電動手持ち工具
- ロープなどが掛かるプーリー
- 扇風機の羽根

引き込みの危険源の例示

- 扉と戸袋など、直線運動する部分が狭いすき間に引き込まれるところ
- エスカレーターのステップなど、狭いすき間をはさんで、互いに違う動きをするところ

「切傷または切断の危険源」や「突き刺しまたは突き通しの危険源」などは、**「薄いもの」、「鋭利なところ」や「先の尖ったところ」などと説明すると良い**でしょう。

この危険源は、特にそのものが動作をしなくとも、人の方から接近していって被災する代表例でもあります。例えば、作業場所にある「看板の端が飛び出ている」なども該当します。

突き刺しの危険源では、ヘルメットホルダー、道具掛けなどに使用されている5㎜から10㎜程度の直径の金具も該当します。この場合、一定の高さ以下に存在（床から1m程度より低い位置など）するのであれば、転倒などにより身体の一部を突き通す能力は十分に備わっているものとして、条件付きで危険源リストに例示することも考えましょう。

切傷または切断の危険源の例示

- シャー、切断機の機能部分
- 鉄板などの薄い材料
- ドリルなどで金属に穴を開ける際に発生するバリや切りくずなど
- 包丁やナイフ、ガラスやグラスの縁など

● 割れた食器

本やノートなどの紙類も入りますが、危害の大きさが小さく、「相手にしない危険源」でしょう。

突き刺しまたは突き通しの危険源の例示

● 鉄板の角など、先が尖っているところ（鉄粉などの飛んでくるものも含む）

● ドリルなどで金属に穴を開ける際に発生するバリや切りくずなど

● 木材のささくれ

● ワイヤロープのひげ

● 千枚通し、ナイフの先、バーベキュー用の串など

● 棒状のもの（直径10㎜程度までの場合、人の首から上に対する危険源に該当させたほうが妥当）

箸、アイスクリームの棒、台所のふきん掛け、傘の先、木の枝など

「重さ」、「重さのあるものの運動エネルギー」や「圧力」なども、危険源です。（重さに関しては、腰痛などの人間工学との関係も考慮が必要です。）持っている物が落ちるとか、持っている物を置こうとした際に指をはさむなどは、すべて重さが関係しています。

重さ、運動エネルギーの例示

- 車両との接触など（重さ×速度）

　例えば、紙飛行機に衝突されてもダメージを受けませんが、時速５㎞でもフォークリフトに衝突されると大きなダメージを受けます。速度との相関関係が発生することも考慮してください。

- クレーンでつり上げられた荷

　重力方向の重さ（落下など）

　横方向の重さ（荷振れなど）

- ハンマーなどの手工具（の重さ）

- 材料の重さ

　ある材料を切断する作業などでは、切断する材料の重さのほか、切断された途端に重さの危険源が二つになるケースも考慮

- 加工する対象物との関係

　包丁で食品を切断する際に、加工対象物が豆腐の場合とカボチャの場合では、力の入れ加減が異なり、結果として危害の大きさにも影響する場合もある。

圧力の例示

- 高圧洗浄水が出る箇所

  特に保全担当者などは、圧力そのものによって被災することもあります。

- ホースの先端、エアガンのノズルなど高圧の流体が噴出する場所

《実例紹介》

機械的な危険源から危害の大きさを推定したり、一定以下のエネルギー（104ページ参照）の危険源を除外する方法を、「押しつぶしの危険源」の実例で解説します。

この事業場では、医学的データなどをもとに、身体の各部にどの程度の力が加わると、どのような障害が発生するのかを調査し、「押しつぶしの推力」と「人体が受けるダメージ」の関係を現場へ提示しています。

また、モーターなどの原動機のトルクや、空気圧や油圧シリンダーの径と作動圧力などから、作動箇所（危害想定の危険源）にどの程度の推力が発生するのかを導く計算式を現場へ提示するなどし、その式に当てはめて、推力を計算するようルール化しています。

危険源のエネルギーと危害の大きさ（例）

		被災部位			
		頭部	体幹部	腕・脚	足手指
危険源の推力	20KN〜	A	A	B	B
	10KN〜20KN	B	B	B	B
	2.5KN〜10KN	C	C	C	B
	0.15KN〜2.5KN	C	D	D	C
	〜0.15KN	D	D	D	D

危険源の推力を計算し、被災部位が受ける推力から危害の大きさを判定する仕組みを設けている事業場の実例

使用にあたっては、必ず、事業場の責任において調査を行ってください。

危害の大きさの配点目安	
A	死亡、障害等級１〜３級
B	障害等級４〜１４級
C	骨折・その他
D	ほぼ影響なし

このような考え方を採用すれば、図の「D　ほぼ影響なし」の推力に該当する危険源については、危険源のエネルギーの大きさの観点で、あらかじめ除外することも可能です。

また、押しつぶしの危険源では、

◆　すき間が８㎜より開かない箇所

そもそも身体の一部（指も）が入り込む余地がない。

◆　すき間が500㎜より狭くならない箇所

身体の一部が入り込んだとしても（胴体でも）、押しつぶされることがない。

など、いずれも「押しつぶしの危険源」には該当しないと考えられます。この点については、JIS B9711（人体部位が押しつぶされることを回避するための最小すき間）などを参照し、事業場の責任で取り決めてください。

なお、注意が必要な点として、すき間が500㎜より狭くならなくとも、動く速度によっては何らかの傷害（激突）を引き起こす危険源に該当することがあります。

電気的な危険源

電気的な危険源は、結果として感電などを引き起こすことが、最も多く発生している危害でしょう。ここでも念のために、感電とは危害を指していますので、説明にあたっては注意が必要です。

感電のほか、電気的な危険源はスパーク（電気火花など）による着火源や爆発のきっかけ、電路の発熱などによる発火源や熱の危険源となる場合もあります。

電気的な危険源の特定は、充電部が「ある」か「ない」かです。「そこで感電なんてしないだろう」などと感覚的に取捨選択されたり、「電源を切ってから作業をするルールです」とか、「われわれはプロだから、そのような作業はしない」などと別の話を持ち出されることもあります。

「危険源の特定」をしっかりと意識しましょう。

直接的な場所の例示

- 送配電線（工事敷地付近の架空電線も該当）
- キュービクル式高圧受電設備などの内部全体
- 配電盤内のスイッチ、露出した充電電路

電気的な危険源（充電部がある箇所）

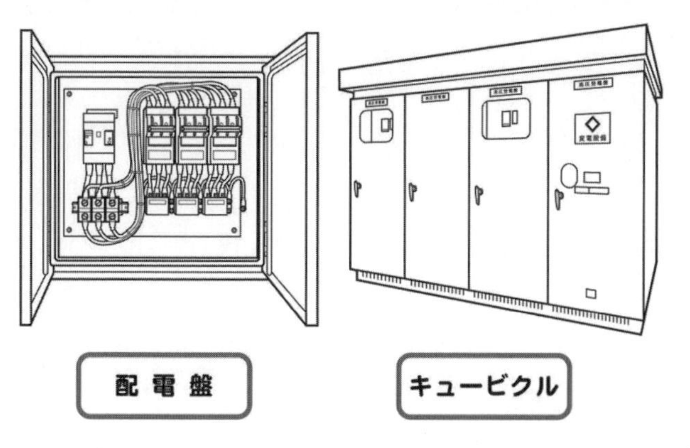

- 終端部の電気回路基板の充電部分
- 終端部の電動モーターの充電部分
- 終端部の照明器具の充電部分
- バッテリーの端子部分

直接的な場所以外の例示

- ペンダントスイッチなどの絶縁不良
- キャブタイヤケーブルなどの絶縁不良
- アースが接続されていない電気機械など

静電気の例示

- 二種類の誘電体がこすれ合う箇所

　一般的に静電気は、二種類の誘電体の摩擦によって発生するケースを想定

《除外例》

◆ 感電想定では、24V以下の電圧等

熱的な危険源

熱的な危険源には、高温のものと低温のものがあります。また、環境としての高温、低温もそれぞれ危険源になります。

高温のものの場合は、そのものによって人が火傷などの危害を受ける場合や、他の危険源と複合して火災や爆発などを引き起こす場合があります。

低温のものの場合も、そのものによって人が凍傷などの危害を受ける場合や、液体窒素などの気化膨張による容器の破裂、大量にこぼれた液体窒素が急速に蒸発し、空気を押しのけて酸欠状態を作る場合などがあります。

どちらも、直接の曝露によって人が危害を受ける場合と、爆発、破裂などの事故を生じて間接的に人に危害を与える場合が考えられます。

さらに、高温環境、低温環境下での作業や、機械設備の運転によって、熱中症や低体温症を発症したり、機械設備の動作に障害が生ずる場合などがあります。

高温の危険源の例示

- ボイラーや給湯設備の本体、配管、加熱された蒸気

や湯の吹き出す箇所

- 反応炉の本体や内容物など
- 鋳造炉の本体や炉内の湯など
- 鋳造製品や鋳型、鋳物砂など
- 溶接装置のトーチや被溶接物など
- 乾燥設備本体や内容物など
- 調理設備、例えばコンロ、フライヤー、蒸煮器など

低温の危険源の例示

- 冷凍、冷蔵機、製氷機などの本体、配管、冷媒、機内で冷凍された製品など
- 冷凍車の本体、冷却システム、庫内で冷凍された製品など
- 液体酸素、液体窒素、液体アルゴン、液化炭酸ガスなどのボンベ、集合装置及び内容物
- ドライアイスプレス機などのドライアイス製造機械と、ドライアイス

高温、低温環境の例示

- 洗濯乾燥室
- 発酵室

- 冷凍、冷蔵室、冷凍車の庫内
- 高温、低温実験室
- 直射日光下の作業場
- 製鉄所の高炉や転炉作業場
- 鋳造工場

《除外例》

◆ 熱傷、凍傷想定　0℃以上かつ50℃以下のもの

◆ 熱中症想定　28℃以下の環境

騒音や振動による危険源

騒音の危険源は、大きな音を発する箇所、工具などを列挙すれば良いでしょう。騒音に関しては、比較的安価な騒音計などを利用できますし、**音が出ている箇所の特定という考え方も理解しやすい**ので、危険源の意味合いも機械的な危険源と違って**誤解が少ない**代表例です。

振動の危険源と騒音の危険源は、手持ち工具類を中心にかなりの部分が重複します。工具そのものが大きな音や振動を発しなくても、加工対象物と接触した場合に騒音や振動の危険源に該当する場合があります。例えば、はつり機やさく岩機などが代表例です。

この危険源によって、一般的には難聴などの聴力損失が考えられますが、時には平衡感覚を失うことや、意識を失うこともあります。

そのほか、大きな音により、作業者に対する指示が聞こえづらい状態となることで、正しく情報が伝わらず、結果として災害を招くこともあります。

具体的例示

- 圧縮空気により駆動される機械など

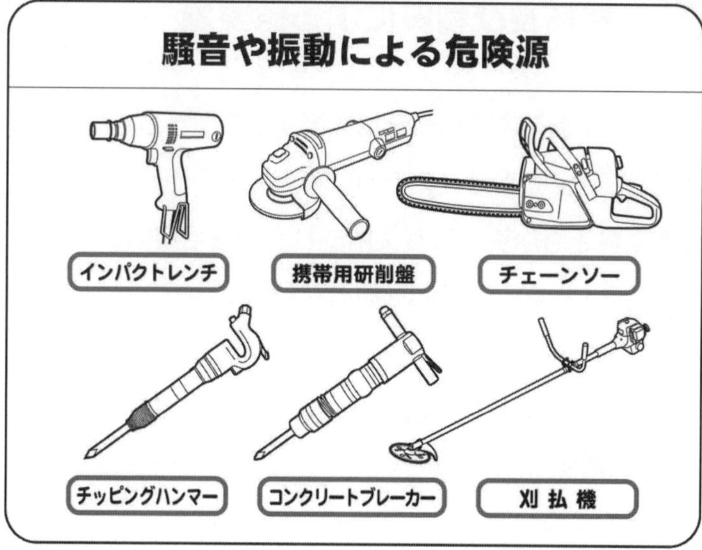

鋲打ち機、はつり機、鋳物の型込機、インパクトレンチ、さく岩機など

● 金属の圧延、伸線、ひずみ取り、板曲げを行う機械など

動力プレス、シャー、鍛造、成型用ハンマーなど

● 電気炉、ボイラー、コンプレッサーなど

リスク見積りにあたっては、周波数補正振動加速度実効値の３軸合成値及び「振動ばく露時間」で規定される１日８時間の等価振動加速度実効値の考え方などに基づいてください。

材料及び物質による危険源

材料や物質による危険源に該当するものとしては、生産工程で使用する有毒性のある材料そのものや、塗装作業などで塗料を溶かす目的で使用される有機溶剤などのほか、グラインダーなどで金属を研磨する際に発生する粉じんもこれに該当します。

なお、有機溶剤などの化学物質については、必ずSDSを参照しましょう。

機械的な危険源などと同様に、「局所排気装置があるから良い」とか、「作業環境測定結果が良好だから問題ない」という、**危険源の有無とは関係のない話へつながりやすい傾向**があります。あくまで、物質の危険源が「ある」か「ない」かに徹することができるよう、わかりやすく解説してください。

物質の危険源は、直接的に人体に影響を与えるケースばかりではなく、火災や爆発の危険源となり、その結果として人に危害を与えるような場合もあります。

例えば、手指用の消毒液として利用するアルコールは、爆発の危険源にも該当します。使い切らなかった消毒液を一カ所にまとめて保管している場合など、事務部門でも知らず知らずのうちに危険源を取り扱っている可能性があります。同様に、トイレや床の清掃に使用される薬品なども、物質の危険源に該当し、あらゆる箇所で使用されています。

化学物質のリスクアセスメントについては、**製造業や建設業などに限らず、すべての業種でリスクアセスメントを行うよう規定**しています。それは、このような理由からでもあると思います。問題なのは、リスクアセスメントは製造業や建設業などの現場などで行われるものだと考えている方が多く、いまだにそれ以外の業種では、全くといっていいほど認知度が低いことです。

化学物質などの消費される危険源は、使用している現場において必ずしも十分な認識を持ち合わせていない場合や、購入時には正確な情報が記載されているパッケージに収められていても、小分けして現場へ流通する過程で、得体の知れない状態と化す場合もあります。

また、販売業者が営業目的のサンプルとして、現場に直接持ち込み、そのまま使用されている場合もあります。

ですから、物質の危険源に関しては、購入部署が配布先を追跡する方法を採用したり、現場において直接交渉等をしないなどの、仕組みと合わせて考える必要があります。

中毒などの危険源の例示

● 化学物質など

有機溶剤や特定化学物質として事業場で取り扱っているもののほか、殺虫剤、農薬類、化学肥料、除草剤、漂白剤、グリス、防錆剤などの油脂類、塗料、糊など

プライベートで使用する物では、台所や風呂の洗浄に使用する洗剤類、マニキュアの除光液など

ガソリン、灯油などの化石燃料そのもののほか、燃焼によって生じる二酸化炭素や一酸化炭素も物質の危険源に該当します。

爆発の危険源の例示

● 都市ガス、LPガスなど

カセットコンロのボンベの内容物やエアゾル製品の噴射用ガスなど

エアゾル式のスプレーなどの噴射するための圧力は、以前はフロンガスが多く使用されていましたが、オゾン層破壊などの観点からLPガスに置き換わっています。

破裂の危険源の例示

- スプレー缶・ガス充填製品など

　殺虫剤などのエアゾル製品や、パソコンのキーボードを掃除するエアーダスターなど、事務所内にも存在していますが、意外と置き場所が特定できていないことが多く、置き去りにされたスプレー缶が劣化し、圧力に耐えられなくなって破裂するという現象を引き起こすこともあります。

- ドライアイス

　ドライアイスは性質上、昇華（固体から気体）し、体積が約750倍になります。

酸欠の危険源の例示

- 酸素のない気体

　二酸化炭素、アルゴンガス、ヘリウムガスなど
　（溶接などで使用するイナートガスなど）

- 別の気体による置換

　ドライアイスから発生する二酸化炭素が、空気より重いため、周囲の空気を押しのけて、せまい場所では酸欠や二酸化炭素の中毒を引き起こすなど

● 酸素の消費される環境など

換気の悪い場所での燃焼（暖房、給湯器、乾燥）は燃焼現象により空間の酸素が消費されます。

また、発酵、腐敗のある倉庫やタンクの内部、植物などを保管している倉庫なども該当します。

※ 酸欠に関する誤解

息を止めて１分ほど我慢できるのだから、酸欠は恐ろしいものと思われていないケースもありますが、人間の呼吸では吸い込んだほとんどの酸素は使用されずに吐き出されます。酸欠空気を吸い込むことは、体内の酸素を逆に引き出してしまう効果を持っており、一呼吸（一度吸い込んだだけで）で死に至ることをしっかりと理解しなければなりません。

感染の危険源の例

● 細菌やウイルス

一般的には、中毒同様に曝露量にも依存します。

【実例紹介】

爆発の発生確率判定基準表を作成している実例を紹介します。この事業場では、個別の判断をしやすいように、危険源ごとに異なる判定基準表を設けています。

この表を作成するために、安全衛生部署が、燃焼の三原則などの、科学的な情報をもとにして、かなり工夫されて

爆発の発生確率の判定基準表（実例）

項　目	現状 ○	現状 ×
温度、圧力制御装置の設置状況	0	5
漏れ、コボレ、飛散（堆積粉じんを含む）	0	5
使用場所周辺（1m以内）の火種の有無	0	5
使用場所の通気状態	0	5
加熱、加圧について	0	5
手順書等のマニュアル類の整備状況	0	2
作業者への教育	0	2
容器に物質名などの表示	0	1

合計点で可能性を判定

現状合計点	可能性
24～30点	確実に起こる
15～23点	可能性が高い
8～14点	可能性がある
0～ 7点	ほとんどない

- この表は、爆発の発生確率を判定するために、周辺の状況などを点数化し、加算方式で見積り基準を定めている事業場の実例です。
- 本書とは、使用している言葉が違うことに注意してください。
- 判定要素に、どのような内容を加味しているかについて、参考としてください。

いることがわかります。

また、マニュアルの整備状況なども加味されていますが、いずれも配点数が低く抑えてあり、人の注意力よりも現状をきちんと把握しようとする姿勢が感じられます。

このように、確率を判断するためにも、できるだけ科学的な要素をしっかりと勘案して、あいまいな個々の主観が入りにくくすることが必要です。

滑り、つまずき、墜落の危険源

滑りを引き起こす危険源では、まず床面の状態の不具合から発生することが多いものです。

食料品製造業では、清掃などにより水を使用する例があり、常に床面が濡れた状態になっているような場合が多くあります。

また、金属加工を行う場所などでは、切削油がミストとなって浮遊、落下するため、床面が油で滑りやすくなる場合があります。

鋳物業などの堆積粉じんも、場所によっては該当することもあるでしょう。この場合、粉じんは物質の危険源にも滑りの危険源にも該当することになります。

すべりの危険源の例示

- 床面が水などで濡れた状態

  水で洗浄された床で、水切りを行っていない状態やプールサイドなど
- 床面に油などが飛散した状態
- 布や板、袋など床面にある面積の大きな材料など（バナナの皮は、あまり滑らないようです。）

屋外の環境では、

- 積雪、落ち葉、アスファルトの上にある砂利など
- 堤防の土手などの斜面、角度のついた箇所

つまずきの危険源とは、人間が通常歩く際に上がるつま先の高さ以上の障害物、つまり「段差」などと考えれば良いのですが、そうなると数㎝程度の段差まで抽出しなければならなくなります。

一般的に階段程度の段差からを対象としている例が多いと思いますが、まずは事業場において、どの程度の段差までを抽出対象とするのか、その基準を設けましょう。

つまずきの危険源の例示

- 段差
  階段、床の高さが違う場所など
  マットやカーペットのめくれなど
- 床面を這うホースやコード
- パレット、台車、什器など工具、用具類
  いずれも整頓の問題かもしれませんが、普段から作業場所に存在しうるものであれば、考慮の必要性が高くなると思います。

墜落の危険源も誤解が多いものの一つです。

墜落の危険源とは、「高さ」のある場所そのもののことをいいますが、「手すりがない状態」や、「墜落制止用器具を使用していない状態」など、対策や措置が十分でなく、「墜落しそうな状態」をイメージされるケースが多いようです。

「高さ」のある場所は、対策が施されているかどうかにかかわらず、墜落の危険源に該当すると説明してください。

例えば、足場の上、床面の開口部、高所作業車、タラップなどの昇降設備などで、高さにさらされる箇所が該当します。

危険源の特定は、高さが「ある」か「ない」かです。

「そんなこと言ったら建設の仕事なんてできない」との意見もありますが、**高さがあるから仕事をしてはいけないという意味ではなく、それに必ず対策をせよ、とも言っていません。**危険源の特定において、高さがあることを認定しないと、リスクアセスメントの入口に到達しないだけです。

墜落の危険源の例示

● 高さ（位置エネルギー）

足場の上、ピットやプラットフォームなど床面から下がった箇所など（特定すべき高さの基準を設定する必要があります）

人が高さにさらされた状態（危険状態）

脚立やはしごに昇っていること（危険状態）

落下の危険源の例示（参考）

● 高さ（位置エネルギー）

モノが高さにさらされた状態（落下の危険源）

高いところにモノ（壁に掛かった額縁や時計なども含まれます。）が置いてある状態

※ その下に人がいる（通行することも含みます。）こと（危険状態）

人間工学の危険源（ヒューマンエラーの危険源など）

高年齢労働者への対応では、これらの危険源を読者の事業場の危険源リストに採用しましょう。

JISなどに「ヒューマンエラー」という記述がありますが、これはヒューマンエラーを引き起こす危険源という意味です。

事故の原因を作業者の不注意や個人資質の問題と考えたい傾向が、「ヒューマンエラー」で収束させがちな問題を抱えて（9ページ参照）います。このため、「ヒューマンエラー」という危険源を列挙した途端、この章で述べた中に分類先があるものまで、危険源を「ヒューマンエラー」としてしまいがちです。

そもそも**エラーとは、結果であって、根源（危険源）ではありません。**疲労の蓄積などと相まって「エラーを発生しやすくなる環境」などと考えてください。

ヒューマンエラーの危険源の例示

あえてヒューマンエラーの危険源を考えれば、例えば光の明暗だけを取り上げても、

● 暗い照明で、まわりが見えなくなることによってエラーを生みやすい環境

● ピンポイントに光が当たることで、影になった部分の視認が悪くなりエラーを生みやすい環境

● 明暗の繰り返しが、いずれの環境にも目が慣れないため、疲れてエラーを生みやすい環境

などが考えられます。

この場合の光とは、光が直接的な根源になっているわけでなく、明暗の差などによってエラーを生みやすく、判断を誤りやすい、というような危険源です。

日常生活を題材にすれば、醤油とソースが同じ容器に入っているような場合なども該当します。

重量物と作業姿勢の危険源の例示

ものの重さと作業姿勢には関係があります。

この場合には、10㎏など、一定の目安を設けた上で、どのような姿勢で作業を継続するのかについても調査をしましょう。

その他の危険源

放射の危険源の例示

放射から生じる危険源とは、低周波や赤紫外線、エックス線をはじめとする放射線、レーザー光線などを指しています。

おぼれの危険源の例示

- 水たまり
- 海、川、プール
- 風呂、サイホン式のトイレ

夏になると、川や海、プールなどでの事故が取り上げられますが、最も身近な場所では、風呂やサイホン式のトイレがあります。

これらの共通点は『水がたまっているところ』です。

なお、家庭内事故の原因の上位には、風呂でのおぼれがあります。

あとがき

安全に対する社会の要求は、年々高まっていると感じます。一方、普段から安全と向きあえているのかという問いには、少なからず疑問を覚えます。

安全に関する仕事を進めていると、この国の安全文化が立ちはだかるといっても過言ではないと思います。それは「安全と水はタダ」という歴史に裏付けられた意識に由来するともいわれています。

まず、安全が取り上げられるときの多くは、悲しいことが起きてしまった後であると感じます。その取り上げられ方は、何が起きたかではなく、誰に責任があったかが中心となっているとも思います。

本編で解説したように、結果は見ることができますし、何よりセンセーショナルかもしれません。しかし、安全を考えるタイミングでないことは明らかでしょう。

事故という具体的な結果が起きる前とは、あたりまえの日常であり、日常に安全を組み込むことが、悲しいことを減らす唯一の方法なのだと思います。ところが、日常に組み込もうと提案した途端、意外にも「安全は煩わしい」という感想につながっているのかもしれません。

「はじめに」で述べたとおり、これまで機会あるごとに刊行させていただき、その都度、切り口を変えた解説をしてきました。ボタンの掛け違いがあるとすれば、安全活動とは現場が努力するものというこれまでの慣行からか、「リスクアセスメントは、マネジメントのベースとなる情報整理のツール」という理解が進んでいないことかもしれません。

事業を継続する上で、どのような作業が生じ、その作業にはどのような危険源が関わってくるのか。システマチックな現状把握なくしてトータルとしての対応策の検討ができるはずはありません。

リスクアセスメントは、利益になることを享受しようとすれば、その裏側には必ず不利益がついてくるというあたりまえの原則に基づきます。

リスクベースで議論することは、メリットとデメリットの比重を明らかにします。利用する側には、自己の責任において取捨選択できるという機会をも与えられます。

安全に関しては、労働安全だけでなく、安全と名のつくものすべてにこの原則はあてはまります。特効薬というものは世の中に一つもない、ということを素直に認めることからしか始まりません。その原則から目をそむけることは、日本が世界から取り残されていくことと同じであると感じます。

終わりになりますが、本書を取りまとめるにあたっては、日頃から応援していただいている多くの方々の励ましをいただきました。

また、労働調査会の方々からは、出版に関する多くのアドバイスをいただきました。この場をお借りして、厚くお礼申し上げます。

2021年6月

濵田　勉

発刊にあたって

労働安全衛生法に「リスクアセスメント」への取り組みが明文化されたのが平成17年。あれから随分と長い年月が経ったことになりますが、編集者のもとには、リスクアセスメントの考え方をうまく活用できていない等の相談が依然として多く寄せられています。

本書の著者、濵田勉氏は、現職の安全衛生行政の担い手という立場から、長年にわたり、リスクアセスメントを様々な角度から解説し、これまでに4冊の書籍を、いずれも小社から刊行してきました。これらは姉妹編として多くの方にお読みいただき、各所から好評を博しております。

本書は濵田氏による5冊目のリスクアセスメント解説本となりますが、リスクアセスメントと経営（マネジメント）という、今までにない視点からアプローチをした一冊です。

濵田氏はマネジメントと安全は決して別物ではない…むしろ安全はマネジメントそのものである、と言い切ります。

全体を俯瞰する経営的な視点、トップの強い方針…とりもなおさずマネージャーの安全衛生に対する本質的な理解なくしてはリスクアセスメントを進めることはできないということ…ここにリスクアセスメントを進める上での困難を解決するヒントを見いだせるように思います。

今回、読者の皆様が本書を手に取っていただいたのは「安全」や「リスクアセスメント」というキーワードがきっかけであったかもしれません。しかしながら、読み進めていく過程で、昨今の働き方改革、生産性や品質の向上など、リスクアセスメントの考え方があらゆる事業活動に密接につながっていることが理解できるのではないでしょうか。

是非とも安全に関わるすべての方に、そしてマネジメントに携わる方にも一読していただきたいと思います。

なお、濵田氏におかれましては、現職行政官である立場から、既刊同様、稿料その他一切を「無償」とさせていただいていることをここに明記させていただきます。

また、本書の編集にあたっては、濵田氏の講演を弊社が取材し、挿絵などもそれに基づいていることを付記させていただきます。

本書が、事業場におけるリスクアセスメント活動をより深める一助となり、ひいてはわが国の新しい安全文化創造の一助となることを祈念いたします。

労働調査会 出版局

プロフィール

濵田　勉（はまだ　つとむ）

愛知労働局 労働基準部 健康課長

昭和38年9月生まれ　名古屋市出身
学生時代から四半世紀ほどオートバイレースに携わる。自身がライダーとなり出場したローカルレースでは2年連続のシリーズチャンピオン獲得、鈴鹿8時間耐久オートバイレースのメカニックとしても参戦。
自動車整備士としてディーラーに勤務。在勤中は日産サービス技術大会の中部地区大会優勝、全国大会準優勝。
その後、旧労働省に入省（厚生労働技官）し、愛知県内の労働基準監督署に勤務。

2006年４月　豊田労働基準監督署第二課長
2009年４月　名古屋西労働基準監督署安全衛生課長
2012年４月　名古屋東労働基準監督署安全衛生課長
2014年４月　愛知労働局労働基準部健康課労働衛生専門官
2017年４月　愛知労働局雇用環境・均等部企画課課長補佐
2019年４月　愛知労働局労働基準部安全課主任安全専門官
2021年４月から現職

労働安全衛生という重いテーマだからこそ、「伝える」ことでなく「伝わる」ことへのこだわりをもった講演を生涯のテーマとしている。

著書

- 主（あるじ）なき安全　～リスクアセスメントの暴走～
- 安全は対策から戦略へ　～リスクアセスメントの本質～
- あしたを感じながら
  ～安全・安心とは何か？リスクアセスメントの入口～
- リスクアセスメント　～安全の見える化～

（いずれも労働調査会）

安全はマネジメント　～リスクアセスメントの活かし方～

令和３年６月25日　初版発行
令和６年11月26日　初版第５刷発行

著　者　濵田　勉
発行人　藤澤 直明

発行所　労働調査会
〒170-0004 東京都豊島区北大塚2-4-5
TEL　03-3915-6401
FAX　03-3918-8618
http://www.chosakai.co.jp

ISBN978-4-86319-847-0 C2030 ¥1600E